Loi et addiction

Quand l'addiction impose sa loi,
quelle loi pour l'addiction ?

Sous la direction
de Christian Colbeaux

Loi et addiction

*Quand l'addiction impose sa loi,
quelle loi pour l'addiction ?*

L'Harmattan

Du même auteur

Sexe, genre et addiction, L'Harmattan, Paris, 2012.

Addiction et religion, URFD Editions, Douai, 2010.

Addiction et transmission, URFD Editions, Douai, 2008.

Addictions et créations, URFD Editions, Douai, 2006.

Actes de la 11ème Journée de l'addictologie de Douai,
le jeudi 27 septembre 2012

Organisation :
Unité de Recherches et de Formation sur les Drogues et l'Addiction, 37 rue Victor Gallois, 59500 Douai, France
Site : urfda.over-blog.com

5-7, rue de l'Ecole-Polytechnique, 75005 Paris

http://www.harmattan.fr
diffusion.harmattan@wanadoo.fr

ISBN : 978-2-343-04295-4
EAN : 9782343042954

"...la science est en train de déverser certains effets qui ne sont pas sans comporter quelques enjeux. Matérialisons les sous la forme des divers produits qui vont des tranquillisants jusqu'aux hallucinogènes. Cela complique singulièrement le problème de ce qu'on a jusque-là qualifié d'une manière purement policière de la toxicomanie".

Jacques Lacan, "Psychanalyse et médecine", 16 février 1966, in "Lettres de l'École Freudienne de Paris", n°1, février-mars 1967

Avertissement

Les textes des interventions orales sont des retranscriptions non relues par leurs auteurs.

Présentation

Christian Colbeaux[*]

Un certain nombre de questions se posent concernant l'écart entre la loi républicaine et l'égalité des citoyens qu'elle est censée défendre.

L'écart entre ce que vit la majorité de nos citoyens, avec les injonctions auxquelles ils doivent se conformer.

Il y a quelque temps, au CSAPA de Douai, nous avons reçu un adolescent, 13/14 ans qui voulait déposer plainte parce que l'un de ses copains lui avait dérobé sa barrette de haschich.

Claude Olievenstein, que tout le monde connaît, fondateur du Centre Marmottan, pionnier dans l'aide aux toxicomanes, rappelait dans un article du Monde, peu de temps avant son décès, « *qu'une loi qu'enfreignait la majorité des citoyens accédant à l'âge adulte était une loi inadaptée* ».

J'ai ainsi listé une série de questions que je me pose concernant l'addiction en général et la toxicomanie en particulier, puisque celle-ci continue à être stigmatisée.

Un peu d'histoire, puisque nous avons la chance d'accueillir Didier Nourisson qui est professeur d'histoire contemporaine à l'université de Lyon. Ainsi, je vous rappellerais que l'opium est, dès l'antiquité, la première panacée, le premier antidouleur, antipyrétique et surtout analgésique ; c'est le véritable premier médicament universel, et la connaissance de son efficacité remonte bien avant les Grecs.

---

[*] *Psychiatre, psychanalyste, chef de service du CSAPA du Centre Hospitalier de Douai*

Encore aujourd'hui, un grand nombre de spécialités pharmaceutiques courantes, qui vont des antitussifs aux analgésiques, dérive de l'opium.
Alors, que s'est-il passé ?
Comment l'héroïne, dérivée de l'opium, est-elle devenue la drogue par excellence ?
Nous commençons à en avoir une petite idée.
D'abord, la colonisation, l'établissement de comptoirs occidentaux en Asie du sud-est, a favorisé la culture de l'opium, afin, sans doute, d'asservir plus facilement les populations autochtones.
Puis vinrent les guerres de masse, au XIXe et au XXe siècle, qui commencent avec la guerre de sécession aux États-Unis, qui n'étaient pas encore les États-Unis, suivie par la Première Guerre mondiale. C'est à ce moment-là que l'on synthétise les dérivés chimiques de l'opium, que sont la morphine et l'héroïne, qui permettent, justement, la chirurgie de guerre et l'analgésie de masse. D'ailleurs, on l'appellera héroïne en hommage aux combattants abolitionnistes en Amérique du Nord.
Puis, c'est la mondialisation et la démocratisation de l'héroïne, qui datent de la tragique guerre du Vietnam, dans les années 60/70. C'est à cette époque qu'éclosent les mafias chargées de la mondialisation de cette substance psychotrope.

Depuis, ces mafias se sont tellement développées, qu'elles imprègnent toute la politique de certains états, sans doute de plus en plus nombreux.
C'est Michel Koutouzis, expert international de ces questions qui va nous éclairer sur ces sujets.

Pour autant, les pays occidentaux ne sont pas en reste.
Dès la fin du XIXe siècle, ce sont les barbituriques qui inondent le marché légal et qui inaugurent toute la classe

pharmaceutique des tranquillisants, au nom bien choisi, et qui se déclinent maintenant en anxiolytiques, antidépresseurs, hypnotiques.
Comment se fait-il qu'aujourd'hui, les Français soient les premiers consommateurs au monde de ces substances licites, qui n'ont en fin de compte, pour seul but que d'empêcher de penser ?
Restons en France et pensons au statut de l'alcool.
L'alcool est une substance psychotrope légale, éminemment addictive.
L'alcool est contrôlé par l'État, il participe non seulement à sa commercialisation, mais aussi l'alcool contribue au budget de l'État, tout comme le tabac d'ailleurs.
Pourquoi l'alcool bénéficie ainsi d'un passe-droit ?
Si on veut être cohérent, d'un point de vue strictement médical, cela n'a pas trop de sens.

Pourquoi une telle discrimination entre drogues illicites, diabolisées et dont les conséquences sanitaires sont aujourd'hui, quand même, assez contenues et ces drogues licites, distribuées par l'État, qui grèvent le budget de la Sécurité sociale ?
Serge Karsenty, qui est sociologue, chercheur honoraire du laboratoire CNRS « Droit et changement social », de l'université de droit de Nantes, reprendra cette problématique.

En 2008, nous avions abordé les problématiques des transmissions de l'addiction. Nous en avions convenu qu'un produit psychotrope quelconque devient une drogue lorsqu'il perd sa spécificité culturelle, son usage ancestral, ou pour le dire avec des mots psychanalytiques, lorsqu'il perd les signifiants qui l'habitent.

C'est par exemple ce qui est arrivé au champignon hallucinogène mexicain, dont on trouvait encore récemment des kits de culture sur le marché d'Amsterdam. C'est un peu la même chose avec le « binge drinking », nous employons beaucoup l'expression anglaise, je préfère l'expression française qui est la biture express, que pratiquent de plus en plus nos jeunes et moins jeunes d'ailleurs.
Nous sommes là bien loin de la culture du bon vin, du bien boire, tout ce qui sied si bien à l'alcoolisme mondain.

Alors, que s'est-il passé ?
Et c'est là que les psychanalystes ont sans doute quelque chose à dire et cet après-midi, nous aurons donc les interventions de Jean-Pierre Jacques, qui est psychanalyste et psychiatre ; et qui a été un des pionniers de la prescription de traitement de substitution aux opiacés, c'était en Belgique, dans les années 70/80, ce qui a radicalement changé la prise en charge de la toxicomanie et la vie des usagers. Et Jean Périn, qui nous fera part de son sentiment de psychanalyste, d'autant plus que Jean Périn a une formation de juriste au départ. Comme quoi les études de droit mènent à tout.
Il est avocat honoraire à la cour de Paris. Pour des raisons qui lui sont propres, il a fait une psychanalyse et il est devenu psychanalyste.
En début d'après-midi, nous allons faire un point sur les salles de consommation à moindre risque dont vous avez sans doute entendu parler puisque ça fait partie de l'actualité un peu brûlante ces temps-ci. Ce sont des lieux d'injection sous surveillance médicale, qui permettent d'une part, d'aborder une population extrêmement marginalisée, qui ne se rend pas dans nos centres.

D'autre part, d'un point de vue strictement médical, d'enrayer un peu plus la propagation du sida et des hépatites.

Voila le programme de la journée qui s'inscrit dans un temps un peu particulier, qui est un temps postélectoral.
Pour le changement, pour l'instant, nous avons surtout eu un changement de gouvernement, nous espérons un changement politique. Le passage quand même du tout répressif à une politique qui sera un peu plus concertée avec les différents acteurs et un peu plus humaniste ; et qui ne rejetterait pas, a priori, ceux qui se sont perdus dans les affres artificielles.

Le rôle de l'autorité judiciaire

*Eric Vaillant**

Les addictions : pas toutes, certaines quand même, beaucoup plus que d'autres, sont une préoccupation quotidienne des magistrats pénalistes, du siège, comme du parquet.

L'addiction est une cause d'aliénation de liberté par un être humain, volontaire ou involontaire. Les causes d'addictions me semblent extrêmement nombreuses, voire infinies, à la mesure de l'imagination humaine.

Mais celles qui préoccupent la justice sont extrêmement concrètes et sont finalement très peu nombreuses, c'est essentiellement l'alcool et les drogues.

De temps en temps, très rarement et d'ailleurs ce n'est pas si mal, ça nous intéresse, car ça nous change de la drogue et de l'alcool, mais c'est beaucoup plus rare, nous pouvons être confrontés à d'autres addictions.

Je pense au tabac, maintenant le magistrat pénaliste est censé s'intéresser au tabac. Vous savez qu'il y a des contraventions à l'encontre du tabac dans les lieux publics. Je pense qu'il y a beaucoup de parquets où l'on ne se préoccupe pas de façon très, très active, peut-être à tort ou à raison, mais je ne suis pas certain qu'il y ait beaucoup de parquets en France où l'on se préoccupe de façon très active de la lutte contre le tabac.

D'autres addictions : après le tabac, le jeu. C'est une addiction dont on nous parle assez fréquemment. Nous le voyons dans les petites affaires de braquages, ça nous arrive. On nous dit, « *j'ai commis le braquage parce qu'il*

---

* *Procureur de la République près du Tribunal de Grande Instance de Douai*

faut que je joue, que j'aille jouer, donc, j'ai besoin d'argent pour aller jouer ».
Il y a ceux qui braquent les bureaux de tabac pour avoir directement les cartes à gratter… Nous trouvons des addictions aux jeux, mais ce n'est pas très fréquent, pour nous les pénalistes.

Nous trouvons aussi des addictions au sexe, bien évidemment, mais, là aussi, si nous les pénalistes, nous nous occupons beaucoup d'affaires de viols, d'agressions sexuelles, des affaires mettant en cause une personne qui est addict au sexe, c'est arrivé. J'ai eu une ou deux fois une affaire où nous pouvions trouver ce trait de personnalité chez un auteur d'infraction, mais cela reste accessoire.

Drogue, alcool, c'est vraiment le pain quotidien du magistrat pénaliste et le constat, qui est un constat de bon sens, c'est que de nombreuses infractions ne sont commises que parce que leurs auteurs ont fait un usage abusif de drogue et d'alcool.
Les produits ont permis le passage à l'acte, ils l'ont facilité et je reviens à cette notion de bon sens, alors qu'on peut discuter sans doute dans les détails.
À jeun d'alcool ou de drogue, on est quand même tous, me semble-t-il, beaucoup plus maître de nos pauvres petites personnes.
Ce n'est pas déjà si facile d'être à jeun maître de sa petite personne, mais grosso modo, je crois que nous pouvons tous convenir qu'à jeun de drogue ou d'alcool, nous arrivons un peu plus à maîtriser nos comportements, notre corps et, donc, les drogues et l'alcool en permettant et en facilitant les passages à l'acte, justifient que la loi, que la société, que les magistrats s'en préoccupent.

Pour le législateur, petit rappel basique judiciaire, pour le législateur, mais également pour le magistrat, j'imagine, pour chacun d'entre vous, les actes les plus répréhensibles qu'un être humain puisse commettre, ce sont les violences aux personnes.

En droit, nous parlons des atteintes aux personnes. Nous distinguons les atteintes aux personnes, aux biens et les différentes sortes d'atteintes, mais ce qui nous paraît à tous, au législateur, aux magistrats et au commun des mortels, le plus répréhensible ce sont quand même les atteintes aux personnes. La principale atteinte aux personnes est l'atteinte à la vie, l'assassinat, le meurtre, la torture, l'acte de barbarie, mais les violences, c'est toute une gamme de comportements qui vont jusqu'à... Je ne sais pas quelle est la violence minimale, car il y a la violence psychologique aussi, mais nous pourrions dire que la violence minimale, nous allons la fixer à la gifle.

Ce qu'il est intéressant de connaître, c'est que le législateur considère que les violences commises sous l'emprise de l'alcool ou sous l'emprise de la drogue sont aggravées. Ce qui signifie que si vous commettez des violences en ayant consommé de l'alcool, en étant en état d'ivresse manifeste ou en étant en état manifeste d'emprise de stupéfiant, vous encourez une peine d'emprisonnement et une peine d'amende supérieures à celles que vous auriez encourues si vous aviez commis ces violences sans cet alcool, sans cette drogue.

Donc, nous les magistrats, dans toute la France, dans toutes les audiences correctionnelles, nous sommes amenés à rappeler aux prévenus qui expliquent leur comportement à cause de l'alcool, « *je l'ai fait parce que j'avais bu, je l'ai fait parce que j'avais pris de la drogue... sinon ma femme est là et pourra vous dire que je suis un gentil garçon et que je ne l'aurais jamais fait, si je n'avais pas bu d'alcool et pris de stupéfiant* », et c'est là que tous les magistrats doivent expliquer que ce n'est pas une excuse d'avoir pris de la drogue, ce n'est pas une excuse d'avoir pris de l'alcool, au contraire, c'est une circonstance aggravante.

C'est au contraire une possibilité d'être sanctionné plus sévèrement parce que j'essaie d'expliquer dans mes réquisitions orales, dans ce type d'affaire, que chaque être humain, à mon avis, à un moment donné… À quel moment ? À mon avis, à l'adolescence, quand on commence les premières bitures express ou pas express, quand on commence à consommer de façon un petit peu excessive de l'alcool ou que l'on tente l'expérience de la drogue, je crois que chaque être humain doit se poser la question de savoir « *quelles sont mes réactions face à ces types de produits ?* », et les médecins nous apprennent vite que nous avons tous des réactions différentes face au produit.
Heureusement, toute personne qui consomme, même un peu régulièrement de l'alcool, ne devient pas une victime d'addiction. Il semblerait qu'il y ait des penchants génétiques, nous ne sommes pas tous égaux face à la consommation du produit.
Nous ne sommes pas tous égaux face à la consommation du produit et c'est à chacun, me semble-t-il, à un moment donné, je le situe au stade de l'adolescence, de se poser la question de savoir comment on réagit face à un produit.
Si on le prend, notamment l'alcool qui est un produit licite, que l'on a le droit de consommer chez soi, que l'on a le droit de consommer au café, même le droit de consommer dans un certain nombre de lieux publics du moment que l'on maîtrise son comportement après cette consommation. Comment réagit-on face à l'alcool ?
Certains s'endorment, ce sont ceux que je préfère !
Quand ils dorment, ils ne font pas de bêtises.

Ceux que j'aime le moins, ce sont ceux qui deviennent agressifs, évidemment. Ceux-là cherchent la bagarre partout.
À l'inverse, je distingue trois cas, mais il doit y en avoir encore d'autres, il y en a qui adorent tout le monde, qui se mettent à aimer l'humanité dès qu'ils ont bu un verre. Ils se jettent dans les bras des uns et des autres pour faire des câlins. Ceux-là, je les aime bien aussi, je ne les trouve pas très dangereux.
Il y a différentes sortes de comportements.

Ce que j'attends de chaque être humain, malgré ses difficultés, le fait qu'il n'ait pas fait des études, comme moi, comme vous, comme nous tous, malgré le fait qu'il ait eu des carences parentales, etc., je pense qu'un être humain n'est pas un légume, c'est quelqu'un... On fait déjà de la philosophie, c'est quelqu'un qui a un peu de liberté individuelle. Donc, il doit se poser deux, trois questions et l'une des questions que je demande aux gens de se poser quand je vais à l'audience et que je requiers dans des affaires où il est question d'alcool ou drogue, c'est : « *quel est votre comportement face à l'alcool ? Est-ce que vous le savez ? Vous êtes de ceux qui s'endorment, de ceux qui font des câlins ou de ceux qui deviennent agressifs ?* » . Eh bien, en fonction de ce comportement qui n'est pas égalitaire, chacun a le sien, vous devez en tirer un certain nombre de conséquences.
Après, ce n'est pas facile, c'est plus facile pour celui qui aime l'humanité après l'alcool ou celui qui s'endort que pour celui qui devient agressif. Pour celui-là c'est un peu plus compliqué, mais il faut tout de même qu'il le sache, qu'il l'aborde et qu'il trouve des solutions.
Qu'il les trouve tout seul, si cela lui est possible et nous la Justice, nous sommes là pour aider à trouver des solutions parce que vous l'avez compris, c'est pour protéger la

société par l'intermédiaire de la loi que la société cherche à encadrer la consommation de la drogue et de l'alcool et a fortiori lorsque cette consommation est excessive. C'est à ce moment-là que nous pouvons parler d'addiction, dans mon sens qui est le sens commun. On ne devient addict à un produit que s'il y a des conséquences qui sont particulièrement graves et le consommateur, même relativement habituel, n'est pas nécessairement quelqu'un qui souffre d'une addiction. Mais cela, c'est aux médecins de le définir.

Je n'ai pas parlé des violences routières qui peuvent être commises par chacun d'entre nous, c'est-à-dire chacun d'entre nous, après avoir bu quelques verres dans une soirée arrosée, même si nous ne buvons pas de l'alcool tous les jours, nous ne sommes pas addicts. Nous avons consommé de l'alcool, nous allons prendre le volant et nous allons commettre une infraction routière.

Je ne vais pas parler beaucoup des violences routières, car elles concernent peut-être moins l'addiction, quoique…
Elles ne concernent pas seulement l'addiction, elles concernent quand même beaucoup l'addiction puisque nos récidivistes de conduite en état alcoolique ont souvent un comportement de personne addicte à l'alcool.
À un moment donné, la justice a besoin des médecins, mais pas seulement des médecins, des spécialistes, des addictologues, des psychiatres, des psychologues voire des psychanalystes, des infirmiers, même si nous ne travaillons pas directement avec eux. De nombreux intervenants sociaux et même, j'y tiens beaucoup, des associations de lutte contre l'alcool, associations qui sont souvent composées d'anciens alcooliques qui ont une vraie expérience de notre sujet d'aujourd'hui.

Cette rencontre médecine/justice se fait à deux niveaux judiciaires. Juste pour cadrer un peu les choses, si vous ne l'avez pas encore entendu, vous pourriez retenir ces deux niveaux d'intervention judiciaire. Nous parlons d'intervention en présentenciel et d'intervention en postsentenciel. Le présentenciel, ce sont toutes les interventions de la justice avant jugement. Le postsentenciel, c'est après jugement.

De quelle manière intervenons-nous, nous justice, en présentenciel dans les domaines qui vous intéressent, la drogue et l'alcool ?

Le présentenciel ne concerne pas seulement le procureur, mais essentiellement le procureur. Cela peut concerner aussi les magistrats du siège avant jugement, notamment dans le cadre de ce que nous appelons le contrôle judiciaire, avant jugement.

Le présentenciel, c'est surtout le procureur. Cela peut être aussi les juges des enfants et en matière d'alcool et de drogues, il y a des choses qui se font aussi en présentenciel avec les juges des enfants.

Donc, en présentenciel, les magistrats du siège ou du parquet, je vous disais, beaucoup le parquet, les magistrats peuvent obliger le consommateur de drogue ou le mari violent, alcoolique, à engager des soins.

On peut obliger un certain nombre de personnes à engager une démarche de soins et si l'obligation ainsi fixée par le procureur, le juge des enfants, par le juge des libertés de la détention pour un contrôle judiciaire, si l'obligation fixée par les magistrats n'est pas respectée, la sanction, c'est : passage devant le tribunal et le plus souvent le prononcé d'une peine.

Évidemment, il peut y avoir des relaxes pour des motifs X ou Y. Mais si le dossier est solide et que l'obligation de soins n'est pas respectée, la sanction est le prononcé d'une peine qui va être a minima une peine d'amende, mais qui

peut passer à une peine de prison, une peine de prison avec sursis, une peine de prison avec sursis et mise à l'épreuve et là on passe au postsentenciel, je vous en parlerai dans quelques instants.
Donc, chaque année, nous envoyons ainsi quelques centaines de personnes au CSAPA tenu par le docteur Colbeaux et dans d'autres structures où travaillent des spécialistes en addictologie.

Nous envoyons essentiellement par exemple, le consommateur de joints.
Les services de police ou de gendarmerie voient une voiture avec des jeunes dans la rue, de préférence de nuit et parfois avec un peu de fumée à l'intérieur, du coup, ils interviennent.
Souvent, ils ont beaucoup de chance, ils tombent sur des consommateurs de stupéfiants de cette manière-là, c'est vraiment très basique et ça marche à tous les coups.

De temps en temps on trouve une petite boulette, deux petites boulettes et quand c'est moins de dix boulettes, nous considérerons que l'infraction commise par celui qui était dans sa voiture enfumée, c'était de l'infraction de consommation de stupéfiants.
Au-delà de dix boulettes, c'est un chiffre qui est sans réalité exacte, dès que nous considérons qu'il y en a plus, nous ne sommes peut-être plus en présence du simple consommateur, mais d'un type qui fait un petit peu de revente. Il vous expliquera que c'est pour se payer sa consommation, mais nous aimons déjà beaucoup moins. Nous lui ferons subir, peut-être, un autre traitement.
Quand nous arrêtons ce consommateur de joints, que faisons-nous ?
D'abord, nous le convoquons dans les services de police, nous ne le plaçons pas systématiquement en garde-à-vue.

Nous lui piquons son produit, ça, c'est certain. On me demande si j'autorise la destruction, c'est sûr et nous le reconvoquons librement, sans garde-à-vue, sauf s'il y a d'autres infractions, s'il se rebelle, s'il se met à taper sur les policiers. Là, il y a de grandes chances pour qu'il se retrouve en garde à vue, mais sinon, les policiers lui diront, « *revenez discuter de tout cela sous trois jours, chez nous* ».
Au moment où l'individu est reconvoqué, nous lui posons un certain nombre de questions sur sa consommation. Depuis quand consommez-vous ? Est-ce que vous consommez régulièrement ? Où achetez-vous ? Cela ne nous sert à rien, car la réponse est : j'ai acheté à Momo, dans un quartier de Douai ou d'ailleurs…
Nous n'arriverons jamais à retrouver Momo donc ça ne nous sert pas à grand-chose cette question, mais nous continuons à la poser par habitude.

Nous lui posons des questions surtout sur sa consommation et là, c'est là que nous ne sommes pas des médecins, juste des gens de terrain et nous essayons de faire preuve d'un peu de bon sens et nous orientons en se demandant ce que nous allons faire de cette personne.

Nous avons deux solutions :
- Le CSAPA pour celui pour lequel nous nous disons que celui qui est dans une démarche où il frôle l'addiction, c'est un consommateur un peu trop habituel, donc, il serait quand même bien qu'il voit un médecin. Celui-là, nous l'orientons vers le CSAPA.
- L'autre, l'étudiant, je dirais, qui va consommer le week-end, mais jamais un étudiant de la fac de Droit Douai ! Je parle d'étudiants dans d'autres matières ! Les sciences humaines, la psychologie…
Les étudiants en droit, jamais, jamais !

Mais vous savez que c'est faux, malheureusement.
Donc, l'étudiant consommateur occasionnel, celui-là, nous nous disons que le médecin, pourquoi pas, ça ne mange pas de pain, ça ne pourra pas lui faire de mal, mais nous avons mis en place, ce que nous appelons les stages. Ce sont des stages de sensibilisation au danger des stupéfiants. Nous obligeons le délinquant à nous payer 150 € pour entendre une bonne parole pendant un certain nombre d'heures qui vont lui demander de la concentration, de la réflexion, qui, en général les font bien suer.
Certains y trouvent de l'intérêt quand même et certains commencent à engager une démarche où ils font fonctionner un peu leurs cerveaux, ce qui me paraît très important.
C'est à leurs frais.

Même chose, soit ils le font ou pas, mais s'ils ne le font pas, nous les renvoyons devant le tribunal correctionnel et nous les faisons condamner et nous construisons ce que j'appelle : leur curriculum vitae judiciaire, que l'on appelle aussi le casier judiciaire.
La première fois, nous allons le faire condamner devant le tribunal correctionnel s'il n'a pas fait le stage. Le tribunal correctionnel, s'il n'est pas connu pour d'autres faits, va lui mettre une amende de 150 €, peut-être.
Mais je suis du genre à ne pas lâcher le morceau, si nous le retrouvons quelques semaines plus tard, quelques mois plus tard, tant pis pour lui.
Nous allons continuer d'alimenter son casier judiciaire et au bout d'un moment, pour peu qu'il y ait d'autres affaires, celui qui va persévérer dans la consommation d'autres stupéfiants, nous risquons vite de le retrouver dans d'autres affaires, y compris des affaires de trafic de stupéfiants. Ce n'est pas obligatoire, mais ça arrive. Dans

ces cas-là, nous poursuivons sur le casier judiciaire et à un moment, toutes ces sanctions judiciaires qui s'accumulent, peuvent tomber et peuvent se transformer en peine d'emprisonnement ferme.
Je vous ai parlé du présentenciel.
Ces stages, nous en avons mis en place pour les majeurs depuis longtemps et nous sommes en train d'en mettre un en œuvre, d'ici quelques semaines, pour les mineurs, avec la protection judiciaire de la jeunesse.
Ce stage va concerner non seulement les drogues, mais aussi l'alcool pour essayer de lutter contre cette pratique qui nous préoccupe, la consommation rapide et excessive d'alcool, notamment par les plus jeunes.

En postsentenciel, le système est à peu près le même.

Nous pouvons obliger à faire des stages aussi, mais le plus gros du travail est celui qui est fait par le juge d'application des peines, dans le cadre des condamnations à des peines de prison avec sursis et mise à l'épreuve.
Là, vous l'avez bien compris, pour le mari violent alcoolique ou le consommateur, revendeur de stupéfiant, nous ne mettons pas de sursis avec mise à l'épreuve pour une simple consommation de stupéfiants.
Mais à un moment donné, nous estimons que l'infraction est grave, que la personne doit être condamnée à une peine de prison, totalement assortie de la mise en sursis avec mise à l'épreuve ou en partie ferme, c'est-à-dire prison et en partie sursis avec mise à l'épreuve qui consiste à expliquer au condamné : « *voilà, vous êtes condamné à trois mois de prison avec sursis mis à l'épreuve, ces trois mois, vous n'allez pas les faire, mais vous allez être suivi, vous allez les garder au-dessus de la tête pendant une durée que fixe le juge* ». Soit un an, 18 mois, deux ans le plus souvent et pendant cette durée, vous allez être suivi

par un juge d'application des peines et le service pénitentiaire d'insertion et de probation et on va vous imposer un certain nombre d'obligations.
Des obligations qui sont très variées : interdiction d'entrer en relation avec certaines personnes, notamment la victime, obligation de travailler ou de suivre un stage, mais celle qui nous préoccupe est l'obligation de soins.
C'est là que nous retrouvons les médecins addictologues.
Le message est très simple à faire comprendre, pour nous les magistrats aux condamnés qui sont en face de nous dans ces hypothèses-là, c'est soit, vous faites ce que nous vous disons, soit vous allez en prison. J'ai souvent tendance à caricaturer pour être certain d'être compris et en général, quand nous tenons ce message, nous sommes parfaitement compris.
Les individus savent que soit ils se soumettent aux obligations, y compris à cette obligation de soins, soit le risque est très important d'aller réellement en prison à un moment ou à un autre.
Nous avons beaucoup débattu et souvent de façon très vive, de cette question du soin pénalement ordonné.
Peut-on soigner sous contrainte, là était la question.
Médecins et magistrats, nous n'avions pas tous la même position.
Aujourd'hui, c'est un sujet que nous réabordons régulièrement. Aujourd'hui, je crois pouvoir dire, sans être détrompé, que magistrats et médecins travaillent ensemble de manière à peser sur cette question et que même les médecins les plus réticents aux soins pénalement ordonnés reconnaissent aujourd'hui que l'incitation aux soins, l'obligation de soins a au moins l'avantage de mettre en contact un nombre important de personnes avec les structures de soins, tout bêtement.
Évidemment, tout à chacun, qui a un souci avec l'alcool ou avec la drogue, peut pousser les portes du CSAPA. Il

pourra le faire de lui-même, il pourra le faire parce que sa famille commence à en avoir marre de ses comportements et pourra le lui conseiller. Parce que son employeur ou ses copains de travail pourront lui dire, mais il pourra aussi le faire parce que la justice l'aura fortement conseillé, voire même imposé.
Donc, il y a plus de gens qui vont dans les structures de soins et c'est au moins le bénéfice que tout le monde reconnaît à l'obligation de soins.
Derrière cette obligation de soins, le docteur Colbeaux, notamment et les autres médecins addictologues du centre de Douai savent que j'essaie de protéger leurs plates-bandes.

Je me suis aperçu que parfois, nous les magistrats, nous avions une tendance un peu expansionniste. Une fois que l'on nous donne le pouvoir, nous avons tendance à vouloir l'exercer assez loin.
De temps en temps, les médecins addictologues nous rappellent que nous, les magistrats, ce n'est pas à nous de fixer le nombre de rendez-vous du condamné/patient avec le médecin addictologue. Parfois nous aurions tendance à faire l'agenda du médecin, sans souci !
Le docteur Colbeaux et ses confrères nous rappellent régulièrement que les analyses de gamma GT, cela peut se faire, mais ils nous disent qu'ils ne sont pas tout à fait certains que nous sachions les lire correctement... Et ils n'ont pas tout à fait tort.
Et que ce n'est pas à nous non plus, de prescrire et de faire financer par la Sécurité Sociale, en obligeant les condamnés patients à nous fournir ces bilans sanguins réguliers.

Discussion

*Tanguy Le Marc'Hadour**

Bien sûr, tout ce que vous avez raconté résonne au cœur du juriste avec toute cette difficulté de savoir dans le présentenciel, si nous sommes dans la négociation ou dans l'ordre. C'est quand même une difficulté.

Mais c'était plutôt la seconde partie qui m'intéressait. Est-ce que nous connaissons des chiffres de récidive ou non, de personnes qui ont été soumises à des soins, de récidive pour l'infraction principale pour laquelle ils ont été condamnés ?

Est-ce que nous connaissons ou est-ce que nous avons du mal à mesurer ou est-ce que nous sommes dans l'espoir, encore, d'une amélioration ou est-ce que nous sommes véritablement certains que cela a une efficacité puisque vous posiez la question ? Est-ce que l'on peut soigner les gens de manière obligatoire ?

Eric Vaillant

Les études sont rares et ce n'est pas moi le spécialiste du sujet.

Il y a des études qui existent et comme vous l'avez compris, je suis quelqu'un d'assez concret et qui a quand même quelques idées, quelques idéaux.

Je veux m'adresser à l'intelligence des gens, je refuse de voir dans l'être humain, mon prochain, un simple légume.

De temps en temps, on peut avoir des doutes.

Celui qui est complètement sous l'emprise du produit, il ne reste pas grand-chose de cette petite liberté à laquelle j'aime m'adresser.

---

* *Doyen de la Faculté des sciences politiques et juridiques "Alexis de Tocqueville", Douai*

Mais je veux croire que l'on peut faire quelque chose. Je veux croire et je sais que c'est complètement inefficace, on ne peut pas faire qu'emprisonner. Bien sûr, je n'hésite pas à faire emprisonner des gens, je n'hésite pas à faire le méchant.
C'est la sanction la plus grave que dans une société républicaine et démocratique, nous pouvons prononcer et je n'hésite pas à l'utiliser. Je sais bien que ce n'est pas la panacée et que cela a même un certain nombre d'inconvénients, mais forcément pour trouver des solutions pour que cette vie en société soit agréable, le moins désagréable en tout cas pour nous tous, je me dis qu'il faut forcer les gens, qu'il faut engager les gens à suivre ces fameux soins, en tout cas dans les domaines qui nous intéressent.
Je suis certain que ça marche. Les statistiques, je les ignore globalement et elles sont toujours sujettes à discussion. Nous avons encore vu des articles sur les analyses statistiques récentes, mais ce n'est pas moi qui vais en parler le mieux.
Évidemment, il faut faire des choses. Évidemment, si nous sommes tous engagés, je ne l'ai pas dit, mais vous m'y faites penser monsieur le Doyen, si nous sommes tous engagés ensemble et je vois qu'il y a beaucoup de gens avec lesquels je travaille, évidemment les médecins, mais les associations sont là aussi, nous avons pris un peu de retard dans les projets que nous avons ensemble, car nous nous sommes beaucoup rencontrés en fin de l'année dernière et nos projets devaient être mis en place.
Mais j'ai eu des problèmes d'effectifs dans mon parquet, je n'ai pas pu le faire aussi rapidement que je voulais. Maintenant que nous nous sommes revenus à effectif plein, nous allons pouvoir mettre en place nos projets et notamment, faire participer les associations au début des

audiences, tout le long des audiences où nous jugeons les alcooliques routiers.
Nous allons faire intervenir les personnes des associations de lutte contre l'alcool, qui vont proposer leurs services et ces personnes auront été formées préalablement par les médecins addictologues parce qu'il faudra qu'elles puissent porter un discours à nos condamnés, qui soit un discours cohérent, efficace et pas simplement un discours de monsieur et madame tout le monde.
Ce sont nos projets sur le sujet. Désolé de ne pas avoir répondu plus précisément.

Loi et addiction : une vieille histoire

Didier Nourrisson*

Je crois que la loi, c'est comme l'addiction, pour paraphraser Claude Olievenstein que nous citions tout à l'heure, c'est la rencontre d'une société avec un produit, à un moment donné.
La loi fait du lien social, elle constitue même un tissu pour organiser la vie en société. Parfois ce tissu devient un peu inextricable. J'en profite pour rappeler ici que la loi ce n'est pas nécessairement la justice. Je crois qu'il est important de bien parler de loi et de confier, en quelque sorte, la loi aux autorités politiques. Les services de justice comme les services de police, comme les services de santé, comme les services d'éducation, sont simplement des acteurs, ceux qui font vivre la loi en l'appliquant.

Quant à l'addiction, elle aussi lie une personne à un produit ou un comportement et du coup, elle enferme la personne dans une véritable prison, nous parlons de l'enfer des drogues et en même temps, elle l'isole ou elle peut l'isoler de la société.
Le terme d'addiction est un terme récent et je dirais que maintenant, nous le trouvons dans de nombreuses publications, comme « *Le courrier des addictions* », « *La société française d'addictologie* », la revue de l'ANPAA, association nationale de prévention contre l'alcoolisme et l'addiction, etc.
L'addiction est maintenant sur toutes les lèvres, sur tous les écrits, c'est pourtant un mot extrêmement récent dans la langue française et surtout dans sa dimension

---

* *Professeur d'Histoire Contemporaine à l'université Claude Bernard Lyon 1 & IUFM Lyon*

scientifique puisque l'addictologie ne date guère que des années 1990 avec l'Américain Aviel Goodman, le psychiatre ayant à ce moment-là défini deux critères pour le diagnostic du trouble addictif :

- premier critère : l'impossibilité répétée de contrôler un comportement.
- deuxième critère : la poursuite d'un comportement en dépit de la connaissance de ses conséquences négatives.

Cette définition a très vite pris une dimension sociale, que l'on retrouve bien dans l'ouvrage dirigé par Michel Reynaud, cet énorme pavé qui s'appelle « *Le traité d'addictologie* » (800 pages) écrit en 2008, et l'équipe de Michel Reynaud inclut l'usage nocif et la dépendance dans le comportement d'addiction.

Donc, ce que j'appellerais la bible d'addictologie, le traité d'addictologie, donne aussitôt à l'addiction sa dimension sociale et du coup une profondeur historique.

Bien sûr, le terme d'addiction n'existait pas en français, avant les années 90 et, pourtant le terme est beaucoup plus ancien que cela, car nous pouvons faire remonter aux Romains, avec le mot « addicto » qui signifiait un lien qui unissait le débiteur à son créancier et à sa créance, et condamnait le débiteur à servir le créancier. C'était un lien, comme disait le procureur tout à l'heure, d'aliénation, voire même d'esclavagisation au créancier.

Il en resterait quelque chose, en quelque sorte, avec les achats compulsifs, l'addiction aux achats compulsifs et nous pouvons dire que d'une certaine manière, la première addiction est liée à l'argent et à la dépense.

Cependant, bien d'autres produits vont créer une dépendance dans l'histoire. J'en ai pris un justement qui n'est pas évident a priori, c'est l'addiction au chocolat.

Cette addiction au chocolat n'a pas donné lieu à une législation et, pourtant elle avait tous les ingrédients pour ce faire.

Le chocolat est un produit de plaisir, exotique venu du monde indien. C’est un produit d’une certaine manière, d’évasion sociale.

« Après les douceurs et les sucreries, ils nous offrirent un bon chocolat, servi dans d'élégantes tasses en porcelaine.
Il y avait du chocolat froid, chaud, et aussi du chocolat auquel on avait ajouté du lait et du jaune d'œuf.
On me raconta que certaines femmes en buvaient jusqu'à six tasses, l'une après l'autre, et cela au moins deux fois par jour ».

D'après la Comtesse d'Aulnoy, en séjour à Madrid en 1679
À Madrid, dans la capitale du monde connu de l’époque avec son immense empire colonial, le chocolat était arrivé depuis les rivages mexicains et la comtesse remarque cette adhésion sociale à ce produit de grande consommation.
Outre cet exotisme du produit, nous pourrions ajouter comme ingrédient de l’addiction, la répétition et l’abus qui

sont jugés par cette comtesse. L'abus est toujours vu par l'autre, pas par la personne qui consomme.
Et puis, un élément capital, c'est que le consommateur présent autour de la table appartient à une société aristocratique, privilégiée de la naissance, de l'argent et c'est sans doute pour cela qu'en bout de course, il n'y a pas eu de législation répressive de cette consommation abusive. C'est un petit peu ce que je voudrais expliquer, essayer de comprendre, comment naît une législation sur les addictions alors que les addictions peuvent être parfaitement innocentes.

La législation ne cadre donc pas avec ces consommations, qui ne font pas encore scandale.
Ce qui fera scandale, c'est quand les consommations se démocratisent, c'est-à-dire, gagnent toutes les couches de la société.

Même l'Église qui, au début, avait été assez réticente avec cette arrivée de produits indiens, de produits sauvages comme le chocolat, mais je pourrais dire la même chose pour le café, bien entendu, l'Église avait été réticente, mais rapidement elle a dépassé ses réticences et toléré ce type de comportement.
J'ajouterais même que l'abus, l'usage parfois considéré comme abusif, est en fait, dans cette société privilégiée, un signe de savoir-vivre, un signe d'intégration sociale et non pas l'élément de dissociation.
Pour le chocolat, nous le voyons très bien, la consommation est conviviale autour de la table.

Pour le tabac, c'est exactement la même chose. Il s'est passé exactement la même chose. Sachant que le tabac était très cher, réservé à l'élite sociale, il est devenu un produit parfaitement accepté dans la société et au contraire, le tabac a fait la bonne société. Le premier geste quand deux individus se rencontraient, de même niveau social, c'est-à-dire de la bonne société, était de s'offrir mutuellement du tabac et de le consommer de concert.

La première dépendance, en fait, qui a été constatée, identifiée, c'est la dépendance au produit alcool.
Pas tout de suite d'ailleurs, l'alcool est un très vieux produit qui était consommé sous forme fermentée pendant des millénaires et donc c'était un produit qui, sous cette forme-là, paraissait complètement inoffensif.
La première loi réglementant la consommation, je pense que c'est l'édit de François I^e en 1534, qui concernait l'ivrognerie bretonne. Eh oui !
Anne de Bretagne, par son mariage, avait apporté dans le royaume de France, la Bretagne et, donc, François Ier, le mari de Madame, a cru bon d'emblée de stigmatiser les Bretons, jugés comme ayant une tendance à l'ivrognerie.
Il y a eu une législation brutale qui a été instaurée. Je dis brutale, car il y a eu tout de suite la pénalisation d'un comportement, immédiatement avec arrestation de la personne qui allait être déférée devant le parlement de justice, à Rennes. Le jugement sur ce comportement, la première fois, était tout simplement le fouet, on se serait cru dans certains pays proche-orientaux. Puis, en cas de récidive, c'était carrément couper l'oreille du délinquant.
Vous voyez que cela allait très loin, très fort.
Cet édit, je n'en parle pas plus, car il a été promulgué, mais il n'a jamais eu le début d'une application. C'est-à-dire que la société de l'époque n'a pas senti une espèce d'urgence sociale à agir et à contrôler ces consommations abusives.
Donc, l'alcool n'a pas alors été stigmatisé et le comportement addictif non plus.

Il faut attendre le XIXe siècle avec la phase de démocratisation de l'alcool. Cette fois-ci, un alcool qui va arriver massivement sur les tables et dans les très nombreux cafés et cabarets parce que c'est un alcool qui est issu de la révolution industrielle, qui ne sera plus seulement fermenté naturellement, mais il va être de plus en plus distillé dans des opérations industrielles et du coup, il arrivera massivement, sera bien meilleur marché, donc accessible à une clientèle beaucoup plus populaire.
C'est ainsi que l'alcoolisation est devenue l'alcoolisme comme disent certains médecins aujourd'hui, c'est malvenu de le dire, mais je pense qu'il faut l'évoquer.
Les médecins vont constater les problèmes de la rencontre de la société avec l'alcool en inventant la maladie alcoolique : *« L'alcoolisme chronique consiste en une intoxication progressive, dépendante de l'absorption directe du toxique par le sang ou de l'altération de celui-ci. Ce toxique, agissant soit comme un corps étranger, soit comme désorganisateur, exerce secondairement sur le système nerveux une influence d'abord irritante, puis sédative, puis stupéfiante, mais ordinairement alternative, avant d'être permanente. »*

Vous l'avez ici cité en français, par le docteur Renaudin, qui était un médecin suédois. C'est le docteur Magnus Huss, qui a écrit en 1849, en suédois, un livre qui s'appelle « *L'alcoolisme chronique* ».
Ce livre n'a jamais été traduit en français, or, il est absolument essentiel. Nous en avons simplement des passages que le docteur Renaudin a bien voulu nous traduire. J'ai extrait de ce livre la définition de la maladie alcoolique, telle qu'elle pourrait être encore de nos jours, c'est-à-dire comme un processus, une acquisition progressive due à l'intoxication du sang par le produit alcool.

Cette maladie alcoolique, dans le milieu psychiatrique, Magnus Huss était lui-même un psychiatre, un aliéniste comme on disait à l'époque, va faire l'objet d'une attention extrêmement soutenue, car l'ouvrage a quand même été traduit en Allemand, on l'a lu et on a étudié l'alcoolisme et on va surtout, à partir des années 1850, 1860, étudier toutes les formes psychiatriques de cet alcoolisme. Les formes aiguës, chroniques vont être identifiées. Toutes ces formes, vous les connaissez sans doute, l'ivresse anormale de Garnier, le delirium tremens fébrile de Magnan, le syndrome de Gayet-Wernicke, le syndrome de Korsakoff, tout est dit dans la deuxième moitié du XIXème siècle. On crée la folie alcoolique que l'on va placer en tête des toxicomanies.

La folie alcoolique, célèbre par ses délires, ses hallucinations, vous en avez ici un exemple. C'est une gravure datant de la fin du XIXe siècle, 1895 et qui est due à un médecin qui va être le grand médecin de la folie alcoolique, le docteur Legrain.
Ce sera aussi, non seulement un théoricien de l'alcoolisme, mais un praticien de la lutte antialcoolique.

Tout cela ne fait pas encore de législation sauf qu'il va y avoir un événement qui va bouleverser complètement le paysage de l'addiction douce, en quelque sorte, de l'addiction innocente. C'est l'année 1871 avec son cortège de souffrances et de guerres. Une guerre perdue contre l'Allemagne et je dirai, durement perdue. La guerre de 1870/1871 est une des guerres les plus dures que l'armée française ait connues, 100 000 morts en 4 semaines, c'est au moins autant que la Première Guerre mondiale, en proportion.

Et puis, c'est aussi la guerre civile de la Commune de Paris. Ces événements violents ont traumatisé la société dans son ensemble. On a cherché un bouc émissaire, on en a trouvé un, l'alcool.

L'alcool aurait été responsable, à la fois du mauvais état de marche de l'armée française, une armée très alcoolisée et surtout de l'énervement, agitation des ouvriers participants à cette Commune de Paris. On les a décrits comme étant avinés, enivrés en permanence. On a parlé de « pétrolomanie », nous ne sommes pas loin de la toxicomanie alcoolique, car ces ouvriers, ces ouvrières surtout, les pétroleuses, auraient mis le feu à Paris.

On a parlé de saturnales, on a parlé de temple colossal de l'ivrognerie, etc.

Bref, ça ne pouvait pas être des ouvriers à jeun qui auraient produit de tels troubles.

Ensuite, toutes les grèves, tous les mouvements sociaux qui auront lieu, dans cette époque de révolution industrielle et d'affirmation capitaliste dure, seront également vus sous l'angle d'une pétrolomanie ou alcoolomanie formidable.

Alors, il a fallu agir, légiférer pour ramener l'ordre social par la répression de la maladie alcoolique, de la folie alcoolique.

La première loi, c'est celle de 1873, loi qui est dite « contre l'ivresse publique et manifeste et contre l'alcoolisme ». En réalité, il était bien prévu de construire un asile de buveurs, mais ça n'a pas marché. J'y reviendrai.
Mais contre l'ivresse publique et manifeste, d'emblée, on s'est attaqué au peuple, à ceux qui ne pouvaient consommer de l'alcool que dans les lieux publics. Vous pouviez fort bien pratiquer l'ivresse au domicile, ça ne gênait personne et il fallait que cette ivresse soit manifeste, il n'y avait pas d'alcootest, il fallait bien que les forces de l'ordre agissent, arrêtent les ivrognes à la vue et souvent dans les cabarets ou dans la rue. Ça va devenir le premier délit. Voilà comment une maladie reconnue, identifiée par Magnus Huss, est devenue très vite une addiction et un abus social.

À partir de ce modèle qui rend le malade délinquant, en quelque sorte, qui pénalise la consommation, on va construire tout un tas de modèles de toxicomanes et de toxicomanies.
On a créé par exemple, le tabagisme, le haschischisme, dans les années 1870.
Dans les années 1890, on va insister sur la relation personnelle et le comportement qui en est induit, de la personne avec le produit, on va parler de manie, de folie.
C'est ainsi que dans les années 1890, on créera la cocaïnomanie, puis la morphinomanie, au fur et à mesure des découvertes des laboratoires et auparavant l'opiomanie, etc.
Et, tout cela, je dirais à la fin du XIXe siècle sera rassemblé sous l'appellation des toxicomanies.

À chaque fois, au fur et à mesure de l'urgence et de la crainte par rapport à ces consommations, on légiférera avec plus ou moins de rapidité, mais quand même.

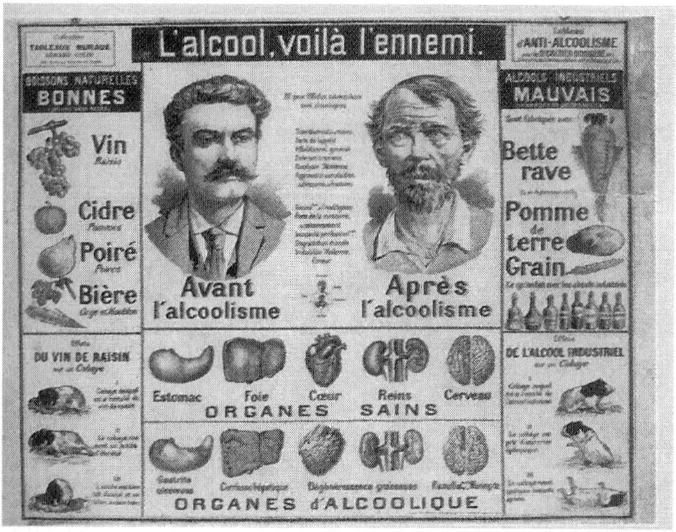

L'alcoolisme va être l'objet d'une législation soutenue. Depuis la loi de 1873, mais je parlerai d'un autre règlement, une autre loi, ce n'est pas cette fois-ci sur la répression, mais sur l'éducation ou une loi de prévention, il s'agit d'apprendre aux jeunes générations à identifier l'ennemi, l'alcool, voilà l'ennemi et à ne pas boire en leur montrant une espèce d'avant et d'après.

Celui qui est abstinent, tempérant, sobre et celui qui se met à boire avec les dérives que cela comporte pour les dégénérescences de ses organes, organes sains et organes malades et pour toute sa personne elle-même puisque la théorie de la dégénérescence, de la société française, de la race française comme on disait à l'époque, va naître de cette observation médicale et sociologique des effets de l'alcool.

Vous voyez, l'alcool dans le sang, oui, mais l'alcool dans la société et ses effets…
Là, c'est à partir de 1895 qu'on a décidé, c'était Raymond Poincaré qui était ministre de l'instruction publique à l'époque, qui a décidé de créer un programme antialcoolique, un programme d'éducation à la santé dans notre pays.

Pour le tabac, les choses ne se sont pas passées ainsi.
Certes, on a défini le tabagisme dès la fin du XIXe siècle, d'une manière bien claire. On croyait que c'était la nicotine qui était le danger du tabac puisqu'on l'avait isolée, on n'avait pas encore pu travailler sur les goudrons des fumées, mais le tabagisme va quand même échapper à la législation, parce qu'il ne pose pas de problème social, du moins à cette époque.

On passe de la tabacomagie à la tabacomanie.
Début du XIXe siècle, on prise encore, on utilise le tabac dans le nez en pétunant et ça a l'air rudement bon, comme il est dit dans la légende. Les femmes ont un accès libre à la prise.

ah, qu'il est bon !

Ensuite, milieu du XIXe siècle, la fumée envahit la société et la pratique de fume, devient véritablement un vecteur de la sociabilité. Tout le monde fume, depuis le bourgeois avec son cigare, l'ouvrier avec son brûle-gueule, l'enfant avec son petit mégot, la femme avec sa cigarette. Vous savez que la cigarette est le petit cigare pour les dames. On a d'abord commencé par parler de « *cigaret* », pour les hommes un peu faibles et puis, les féministes comme Georges Sand, se sont emparées du mot, et on l'a appelé cigarette pour pouvoir être aussi à égalité de fume avec les hommes.
Donc, le tabac n'a pas eu, lui, de jugement négatif de la part de la société, le tabac ne nuit pas à la santé sociale au XIXe siècle et jusque dans les deux tiers du XXe siècle. Ce n'est que fraîchement que le tabac est devenu l'homme ou la femme à abattre.

Il en va de même pour d'autres produits, par exemple le haschisch.

Il est en vente libre au XIXe siècle, c'est une publicité en faveur des cigarettes indiennes au cannabis indica, c'est bien dit parce que le haschisch et les cigarettes au cannabis sont recommandés par l'Académie de médecine. C'est un

produit miracle, qui permet de lutter contre tout un tas de sales maladies, y compris la phtisie, c'est-à-dire la tuberculose. Autrement dit, c'est peut-être la cigarette qui soignerait le cancer du poumon ! J'exagère, mais presque c'est un peu cette idée-là.
En tous les cas, il faudra attendre 1970, quand même, pour voir le haschisch mis au ban de la société.

Même chose pour des produits comme la cocaïne. Nous avons vu arriver sur le marché de la commercialisation des boissons, tous ces vins de coca. Le plus célèbre est le coca-cola. J'ai écrit et je suis très fier de l'avoir fait, le premier livre sur l'histoire du coca-cola et j'ai vu, à ce moment-là, qu'il y avait beaucoup de vins de coca qui étaient sur le marché, avant coca-cola, à commencer par le vin Mariani qui était à la coca du Pérou, jugé innocent et bon pour tout le monde y compris au plus jeune âge.
Or, on a étudié les choses et pour trois verres de coca-cola, c'était l'équivalent d'un rail de coke, en milligramme de cocaïne.
Je vous rassure, vous pouvez boire du coca-cola aujourd'hui, il est décocaïnisé à peu près complètement, depuis 1903.

Même chose pour des produits disparus en 1915, réhabilités depuis 2010, comme l'absinthe.
On n'a pas créé l'absinthisme et de législation avant 1915.

Pour ce qui est des addictions à la morphine, aux drogues, vous avez un superbe dessin qui vous montre que la morphinomanie faisait des ravages dans les rangs de la bonne société, encore une fois donc, cela n'a pas donné lieu à une législation avant la loi de 1916 qui est la première loi qui condamne les usages, notamment de l'opium et de la morphine.

Je dis la bonne société parce que je dirais que les premiers usagers au XIXe siècle de la morphine, ce sont les médecins et leurs femmes qui vont dans l'armoire à pharmacie se charger, d'où cette image et cette figure de la « morphinée », c'est un personnage, la première toxico qui soit.

Donc, la loi fait le délinquant, le hors-la-loi en quelque sorte, il faut bien se le rappeler et nous évoquions tout à l'heure l'alcool sur la route, la répression de l'alcoolisme au volant, c'est tout récent, ça date de 1970.
Les législations vont donc se multiplier en même temps que les campagnes pour décourager les consommations.

Le tabac : le tabac a attendu 1976 pour trouver un début de stigmatisation, c'est la loi Veil. Simone Veil, grande fumeuse, mais devenue ministre de la Santé, elle a coupé sa pratique aussitôt et a fait adopter la loi de 1976 qui

interdit la publicité dans la littérature de jeunesse et qui fait obligation, sur les paquets, d'indiquer la formule en goudron et en nicotine. C'était la première manière d'avertir du danger.
Vous aviez aussi des campagnes anti tabagiques qui ont été lancées à ce moment-là, qui étaient plutôt sympathiques.
Vous avez la première affiche, qui n'est pas pour terroriser, mais qui est bien là pour dire que la vie peut être belle sans tabac, à pleins poumons, on était déjà écolo à cette époque.

La législation sur le tabac va se durcir considérablement au fur et à mesure de l'élévation du trou de la Sécurité Sociale et on va voir en 1991, la deuxième loi contre le tabac, la loi Evin qui interdit toute publicité sur les produits tabagiques, qui encourage au contraire les campagnes nationales en mettant de l'argent dans l'affaire et qui indique qu'il doit y avoir un avertissement sanitaire sur les paquets de tabac. À partir de ce moment-là, le tabac nuit à la santé.
Que reste-t-il au citoyen qui veut consommer, bien entendu sans abuser, plus grand-chose.

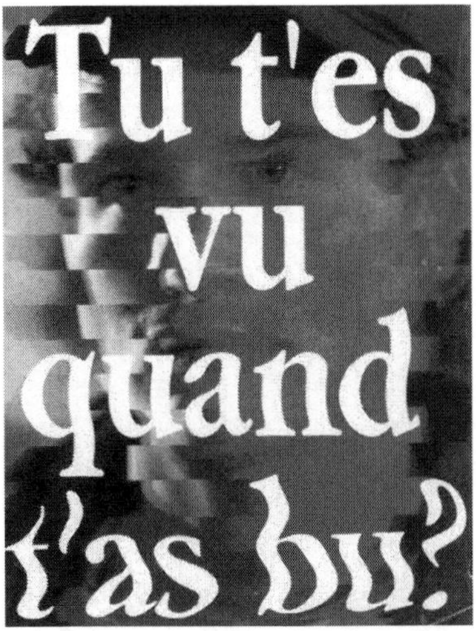

La loi prononce bien souvent l'exclusion sociale, cette affiche du « Tu t'es vu quand t'as bu », qui date de 1984, certes, a marqué les consciences, mais a un peu traumatisé les usagers, me semble-t-il et stigmatisé les malades.

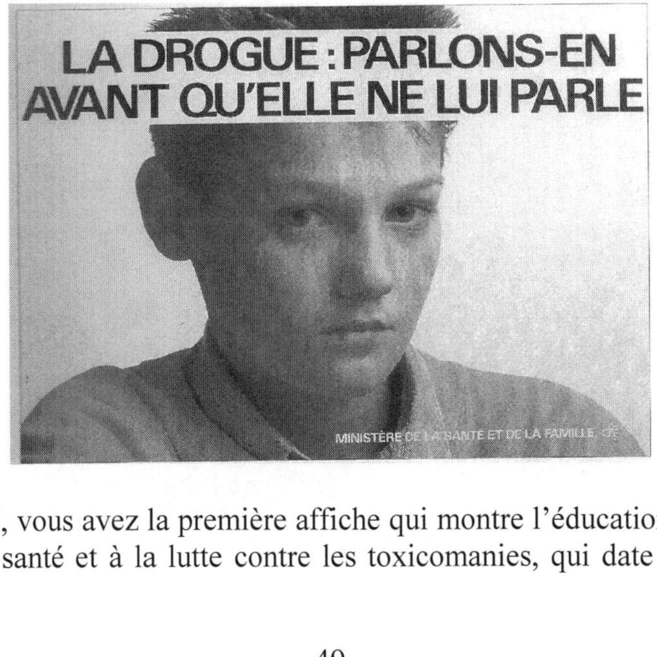

Ici, vous avez la première affiche qui montre l'éducation à la santé et à la lutte contre les toxicomanies, qui date de

1987 avec une invitation à agir en famille, en quelque sorte, contre les drogues.

Discussion

*Nicole Maestracci**

Ce rappel historique montre bien que la plupart des sociétés occidentales a oscillé pendant de nombreuses années sur le statut réel des produits. On leur a attribué un effet thérapeutique, ça a été vrai pour l'alcool, puisque des médecins prescrivaient de l'alcool pendant un temps.
Cela a été vrai pour l'opium, nous voyons bien les sirops à base d'opium donnés aux enfants au début du XXe siècle. Ça a été vrai pour le LSD aussi. Quand le LSD a été inventé, on a cru que ça aurait des vertus thérapeutiques.
L'opium, a aussi été utilisé pour ses vertus thérapeutiques, et il serait trop long de raconter la guerre de l'opium, toutes les raisons pour lesquelles l'opium est devenu interdit à un certain moment.
Il a fallu attendre très longtemps, les lois Kouchner sur la prévention de la douleur, etc. pour que l'on commence à utiliser suffisamment la morphine dans les hôpitaux pour calmer la douleur.

D'une certaine manière, on avait du mal à imaginer qu'un produit, qui était interdit, dont les mauvais cotés étaient connus, puisse également être utilisé pour calmer la souffrance, et nous voyons bien que ce débat reste très fort sur le cannabis aujourd'hui.
Ce n'est pas seulement le problème de la loi, c'est la difficulté que nous avons à réfléchir au statut d'un produit.

La deuxième chose que vous montrez, c'est que l'on mélange souvent l'addiction, qui est la dépendance, avec l'usage abusif et l'usage occasionnel. Un certain nombre

---

* Magistrate, Première Présidente de la Cour d'Appel de Rouen, Présidente de la Mission Interministérielle de Lutte contre la Drogue de 1998 à 2002

de préventologues, de spécialistes de la prévention pensent que nous devons distinguer l'usage occasionnel, c'est-à-dire l'usage sans conséquences néfastes ni pour la personne elle-même ni pour la société, de l'usage abusif et de la dépendance. Cette distinction est pourtant très importante en termes de politique publique, car elle est efficace pour distinguer ce qui cause des dommages à la société, ce qui cause des dommages à la santé publique ; et c'est aussi une vision réaliste, de dire que l'interdiction totale est contraire à la nature humaine puisque toute personne a envie, a besoin, à certains moments, de prendre des produits pour ne pas souffrir, pour passer un moment difficile, pour avoir du plaisir, etc.
C'est consubstantiel à la situation humaine et comment traduire dans la loi cette question : usage occasionnel, usage abusif, dépendance. C'est là-dessus que nous avons toujours beaucoup buté.

Et puis enfin, un aspect que vous avez moins évoqué, c'est la question du poids économique de ces produits. Une partie de la législation s'explique par le fait qu'à un certain moment, quand nous avons pu fiscaliser un certain nombre de produits, nous n'y avons pas renoncé. C'est la question du tabac parce qu'à partir du moment où nous avons su, où les spécialistes ont su populariser le fait que le tabac était un vrai problème, le plus important problème de santé publique ; mais au vu de ce que ça rapportait à l'État, je n'ai plus les chiffres en tête, mais nous les donnerons tout à l'heure, je crois que c'est de l'ordre de 90 milliards, quelque chose comme ça, eh bien, aucun état ne pouvait y renoncer.
Le poids économique est extrêmement important et c'est également vrai pour l'alcool.
Je me souviens, au moment où j'étais à la MILDT, ça a été le moment de l'élargissement, je dirais de la naissance de

l'addictologie au sens où nous avons essayé d'avoir une politique commune sur alcool, tabac, drogues illicites, mais ce n'est pas encore tout à fait passé dans les mœurs puisque le procureur, tout à l'heure, disait les drogues et l'alcool, effectivement la question est de savoir si l'alcool est une drogue. C'est une question qui était extrêmement taboue, il y a une dizaine d'années. Aujourd'hui tout le monde est d'accord pour dire que l'alcool est une drogue.
Donc, le gouvernement a été confronté au lobbying extrêmement intensif de l'industrie alcoolière, de la filière vitivinicole, l'industrie du tabac, plus discrète, mais extrêmement efficace et là, j'ai mesuré ce que ça pouvait être, comme Claude Evin l'avait mesuré au moment de l'adoption de la loi Evin, où, lorsque nous faisions une réunion interministérielle - il se trouve que j'étais au cabinet du ministère de la justice à ce moment-là - la moitié du ministère était contre la loi Evin et en particulier Bercy et en particulier le ministère des sports parce que c'étaient des sponsors de différentes compétitions sportives, etc.
Donc, il faut bien mesurer cette question, c'est-à-dire que la question économique est extrêmement importante dans les choix qui ont été faits par la France, et par la communauté internationale sur le fait d'interdire ou d'autoriser sous certaines conditions, ou de pénaliser tel comportement lié à tel produit.

Légaliser sans libéraliser, un même principe de contrôle public est-il possible pour toutes les substances addictives et toxiques ?

Serge Karsenty[*]

Cet exposé pose plus de questions qu'il ne donne de réponses, des questions qui prennent en compte 42 ans de loi de 1970, d'interdiction de l'usage et du trafic de stupéfiants.
À l'époque où elle est votée, je n'étais pas observateur, mais elle s'est votée comme beaucoup de lois, dans l'ambivalence. Pour beaucoup de parlementaires, cette loi n'était pas incompatible avec une version médicale d'assistance aux toxicomanes.

Deuxième rappel historique : l'appel du 18 juin 1976 pour la dépénalisation du cannabis. C'est un appel qui a été lancé par quelques intellectuels parisiens, de la fac de Vincennes à l'époque, avec le journal « Libération » en fond de tableau. Il y avait les grands philosophes, Châtelet, Deleuze, Guattari, Kouchner l'a signé et dans l'ordre alphabétique, je n'étais pas loin de Kouchner, je l'ai signé également.
1976, ce n'est pas vraiment une date historique, c'est plutôt une anecdote, c'est quand même la période où l'on commence à se demander quel est le fondement juridique de l'interdiction des drogues et en particulier du cannabis puisque beaucoup de pratiquants n'ont pas l'air d'en constater les effets nocifs par rapport à l'alcool, par

---

[*] *Sociologue, chercheur honoraire au laboratoire CNRS « Droit et changement social », Université de Droit de Nantes, Président de l'Alliance Prévention Alcool*

exemple, on ne voit pas trop la raison d'interdire le cannabis.
Le mot dépénalisation, à l'époque, est un mot naïf. C'est le premier que nous avons trouvé dans la corbeille, il n'a pas été pensé.
Depuis, j'ai vieilli et je n'utilise plus du tout « dépénalisation » à la légère. Entre dépénalisation et légalisation, il y a des différences de sens qui sont extrêmement importantes et que les journalistes d'aujourd'hui n'ont pas encore tout à fait saisies. Quand on parle de légalisation, très souvent, ils nous rapportent des sondages d'opinion sur la population française à qui on a demandé *« êtes-vous pour ou contre la dépénalisation du cannabis ? »*.

Une troisième date très importante dans ma vie personnelle : la décision gouvernementale de l'été 1999 de considérer le tabac et l'alcool comme des drogues. Un acteur présent ici a été particulièrement présent aussi dans cette décision, ça a beaucoup influencé ma carrière parce que j'étais déjà spécialiste du tabac à l'époque et c'est là que l'OFDT, s'élargissant au tabac et à l'alcool parce que ça rentrait dans son champ, est venu me chercher parce qu'il y avait besoin d'expert aussi sur le tabac.
À l'époque, en 1999, des acteurs se sont félicités de cette décision pour des raisons complètement différentes. Du côté des activistes anti-alcool et anti-tabac, on se disait *« enfin, on prend en compte la nécessité d'un contrôle étatique fort sur le tabac et l'alcool »*.
Du côté des addictologues qui commençaient déjà à s'appeler un peu comme ça, il y a eu des cris de joie, *« enfin on va lâcher prise à la répression de la loi de 70 »*, puisqu'on admet que des produits licites comme l'alcool et le tabac sont à mettre dans la même catégorie du point de vue de leur nocivité, et médicale et sociale.

Une espèce de croisement des aspirations, les uns qui aspiraient à plus de contrôle étatique et les autres qui aspiraient à un lâcher-prise de l'Etat, au contraire, sur les drogues illicites.
Dernière date importante : la publication le 5 juillet 2011 du rapport « *Légalisation contrôlée du cannabis* » dirigé par Daniel Vaillant, ancien ministre de l'Intérieur, sur la base du travail d'un groupe de parlementaires socialistes, il faut le dire tout de suite. Il n'y avait que des socialistes dans ce groupe. C'est une date importante pour la suite. C'est la première pierre de quelque chose qui va arriver.

Comment qualifier la prohibition des drogues ?
En avril 2003, un colloque s'est tenu à la faculté de droit de Nantes, organisé par mon collègue juriste Renaud Colson et avec la présence du professeur Francis Caballero qui, vous le savez, milite pour la légalisation contrôlée.
Une publication a collecté les analyses exprimées : « *La prohibition des drogues. Regards croisés sur un interdit juridique* », aux Presses Universitaires de Rennes, en 2005.
Nous avons refait un colloque exactement du même type avec de nouveau Caballero et de nouveau Renaud Colson et moi-même à la fac de Nantes en décembre 2011 pour fêter les 40 ans de la loi de 1970.
Je pense que les évolutions des uns et des autres sont intéressantes à constater, la précision des analyses en particulier.
Comment qualifier la prohibition des drogues ? Je me fais le porte-parole de ce que l'ensemble des participants de ces deux colloques ont pu dire : interdire n'est pas empêcher.
Est-ce qu'il faut rester plus longtemps à expliquer ce que je veux dire par là ?

Il y a une espèce de naïveté dans la population qui n'a jamais touché aux drogues illicites, une certaine facilité à penser qu'il suffit de les interdire pour que ça empêche d'en prendre. Et puis, la leçon de l'expérience est vraiment toujours très, très longue et lente à pénétrer les esprits. On a l'impression qu'une loi, c'est un empêchement physique de faire quelque chose et c'est vraiment tout le contraire.
Ce que je disais à l'époque, c'est que l'interdit sur les drogues était menacé par la raison laïque.

Je pense que c'est tout particulièrement ça qui m'a poussé à signer, par exemple, l'appel du 18 juin 1976. À une période, on s'est demandé : « *est-ce qu'on est en train, dans la loi, de reprendre un interdit religieux ?* ». Est-ce que ça a un sens de reprendre un interdit moral dans la loi, si nous n'avons pas de base scientifique pour, si nous n'avons pas de base juridique, si nous n'expliquons pas quel est le trouble à l'ordre public qui est fabriqué par la consommation de drogue ?
En effet, sitôt condamné pour son moralisme, l'interdit qui était toujours là s'est retrouvé conforté par des arguments de santé publique.
Un argumentaire a succédé à l'autre, sans que l'on ait le temps de démanteler la loi, mais ces arguments de santé publique paraissaient moins efficaces, d'une légitimité moindre et en tout cas plus difficiles à mettre en œuvre, car ça concernait évidemment de plus en plus de médecins donc forcément un partage du pouvoir avec les magistrats et les policiers.
Déjà que le partage entre les policiers et les magistrats n'était pas simple depuis la loi de 70, en plus, il y a ce corps d'addictologues qui sont des médecins qui veulent se mêler de ça, y compris politiquement et ça complique beaucoup les choses.

Comment contraindre les comportements par lesquels un individu peut se mettre en danger et peut nuire aux autres ?
Vous voyez qu'il y a deux questions dans une et ce n'est pas bien, car se mettre en danger et nuire aux autres n'est pas du tout la même chose.
Ce n'est pas du tout la même chose parce que ça n'a pas la même légitimité. Je crois que nous pouvons dire qu'il y a, depuis une centaine d'années, une perte de légitimité de l'interdit sur les comportements autodestructeurs. Au contraire, le libre arbitre sur son propre corps va jusqu'à la possibilité de ne pas stigmatiser moralement le suicide et même de pouvoir discuter calmement de ce que doit être l'assistance au suicide. Par exemple, quand on est tétraplégique, que l'on n'a pas la possibilité d'avaler soi-même quelque chose parce qu'on n'a pas de bras, le problème de l'assistance au suicide est devenu une discussion légitime dans notre société et je trouve que ce n'est pas dommage.
Deuxième partie de la question : comment contraindre les comportements par lesquels un individu peut nuire aux autres. Là, au contraire, il y a le surgissement d'une légitimité toute puissante contre ce que l'on appelle les externalités négatives. C'est-à-dire que je me fais du mal à moi-même et ça ne vous regarde pas, je fais du mal aux autres, attention…
Nous allons prendre un exemple simple : j'ai travaillé sur les perceptions du public à propos de la toxicité éventuelle des ondes émises par les téléphones portables.
Vous avez deux positions de perception, radicalement différentes alors que la réalité physique est la même. Des gens qui sont dans un appartement près d'une antenne ré-émettrice de téléphone portable et qui ne supportent pas que l'on soit venu mettre cette antenne près d'eux ; et la justice n'est pas loin de leur donner raison parfois, même

si les expertises sont extrêmement fragiles pour prouver la nocivité de ces antennes.
Pourquoi en justice, on peut admettre que l'expertise objective soit fragile, mais quand même, que l'on n'a pas le droit de faire cela aux gens ? C'est parce qu'on prend en compte le dommage subjectif, on n'est pas certain, mais en tout cas les gens vivent très mal d'avoir une antenne près d'eux.

Prenez la différence avec le téléphone portable que je mets à mon oreille et que certains ados mettent à leur oreille à peu près trois heures par jour. Nous avons des suspicions de toxicité, peut-être pas de preuves avérées, mais en tout cas il n'est pas question d'interdiction, pas du tout question d'aller en justice là-dessus.
Vous voyez pourquoi, quand il y a un effet externe, aujourd'hui, un comportement contraire à la santé va être immédiatement réprimé.

Je prendrais aussi l'exemple du tabagisme passif parce que finalement, ce décret Bertrand de 2006 qui s'est appliqué en 2007, qui reprend l'interdiction de fumer en public, il ne s'est pas appuyé sur des masses d'expertises scientifiques indiscutables.
Pourquoi ça a si bien marché ?
Parce que la légitimité du non-fumeur qui demande qu'un fumeur à côté de lui ne le fasse pas fumer s'il n'en a pas envie, cette légitimité est extrêmement forte.
Ceux qui ont fait marcher ce décret, qui a fait qu'en gros, il est bien appliqué, ce sont les fumeurs, car ils admettaient avant que l'on ne peut pas faire fumer quelqu'un qui n'en a pas envie.
Que ça soit toxique ou pas, qu'il y ait tant de pourcentage de cancers ou 30 % de risque relatif de cancer en plus chez la femme d'un fumeur ou pas, tout cela n'a absolument

pas compté dans le succès d'application de ce décret. Ce qui a compté, c'est que tout le monde considère cela comme légitime.
Voilà les raisons qui vont faire que, lorsque l'on va aller plus loin, on va se rendre compte qu'on ne peut pas rester à la loi de 70.

Comment contraindre les comportements par lesquels un individu peut se mettre en danger ou peut nuire aux autres ?
Je voudrais très rapidement dire qu'en éducation pour la santé, en prévention, nous pouvons considérer qu'il y a trois types de contraintes.
La contrainte physique, monétaire et cognitive ce que l'on appelle aussi l'éducation.
Je vais prendre un exemple, rapidement, de l'ordre public sur la voirie. Un exemple idiot, mais qui marche bien : il est interdit de stationner sur les trottoirs et vous avez trois façons de faire respecter cela.
On peut expliquer aux gens que, lorsqu'ils stationnent sur les trottoirs, ils empêchent les piétons de passer et ça peut être dangereux pour eux, mais surtout que vous vous attaquez aux gens les plus sans défense que sont les aveugles qui marchent avec leur canne ou les mères ou pères de famille qui ont des poussettes et qui doivent faire l'écart, car le morceau de trottoir que vous leur avez laissé n'est pas assez grand.
Contrainte cognitive, elle ne va pas marcher, c'est sûr, elle ne va pas marcher et créer de l'inégalité. Ceux qui sont les plus à même d'entendre ce message ne sont pas les mêmes que ceux qui ne les entendront pas du tout. Du coup, ceux qui les entendent vont regarder de travers ceux qui ne les entendent pas et d'une certaine façon, il va y avoir une discorde sociale parce que ce message éducatif n'a pas été entendu de la même façon.

Contrainte monétaire, pas la peine de faire un dessin sur le fait qu'il y a une injustice immédiate. Si vous avez de quoi payer, ce n'est pas une contrainte pour vous et ça ne marchera que sur ceux qui ne peuvent pas prendre un PV supplémentaire parce qu'ils n'ont pas les moyens.
Contrainte physique, on remonte le niveau du trottoir ou l'on met des plots en béton qui empêchent les voitures de monter dessus et là, ça marche, c'est efficace et en plus ça ne créé aucune injustice parce que tout le monde est obligé d'y passer.
Donc, nous avons une grosse préférence pour la contrainte physique. C'est certain que, lorsque l'on peut utiliser la contrainte physique, elle vaut mieux que tout, car une fois que vous voyez que vous ne pouvez pas garer votre voiture sur le trottoir, vous allez chercher ailleurs et vous n'y pensez plus. Il n'y a pas de frustration, il n'y a pas de regard stigmatisant sur les autres qui n'auraient pas fait la même chose que vous.
Cela marche vraiment très, très bien.

Le problème est que l'on ne peut pas considérer que la loi d'interdiction sur les drogues illicites marche comme une contrainte physique. C'est ça le problème.
Une fois que l'on édicte une loi comme ça, on n'a absolument pas fait le début du travail pour que ça marche et qu'elle soit appliquée.
Il y a donc du monétaire et du cognitif qui doivent venir derrière dont nous n'avons pas encore trouvé la recette miracle. Le monétaire n'est pas du monétaire au sens strict. Bien sûr, il y a des amendes en justice, mais ce n'est pas seulement ça, il y a le temps perdu à aller chercher sa substance, de l'angoisse, de l'anxiété parce qu'on ne sait pas exactement ce qui va arriver. Si on arrive à l'avoir, il y a bien sûr le prix de la drogue qui est très élevé justement

parce qu'elle est interdite et si elle était dans un marché libre, légal, évidemment elle serait beaucoup moins chère.

Quel état des lieux pour les drogues licites et illicites en France ?

Je passe rapidement, le tableau des prévalences et des conséquences épidémiologiques est assez contrasté. S'il fallait prendre de grandes masses, il est certain que le tabac vient en premier, l'alcool en deuxième et très loin derrière, le cannabis et les autres drogues illicites.

Pour ce qui est des conséquences épidémiologiques, les évolutions sont contrastées, paradoxales. Depuis 1953 en France, la prévalence tabagique n'avait cessé de décroître, elle a repris vers la hausse en 2008 à peu près, une date qui vous dit quelque chose, c'est la date de la crise et cette reprise n'est pas explicable autrement. Nous voyons une chose, les chômeurs fument plus que les autres et quand il y a plus de chômeurs, la prévalence augmente entre autres à cause de ce fait-là.

Les prévalences sur l'alcool, elles diminuent très régulièrement depuis longtemps parce que les boissons fermentées, en particulier le vin, ont disparu de la table de tous les jours, et il y a beaucoup moins de maladies associées à cela.

La vision des hôpitaux des années 50 par rapport à celle d'aujourd'hui en gastro-entérologie est différente à cause de la diminution de l'alcool bu régulièrement.

Un petit problème qui est un petit peu inquiétant, c'est la biture express et l'augmentation des ivresses pour les jeunes.

Un constat uniforme d'impuissance publique : je passerai rapidement parce que s'il n'est pas uniforme, il s'exprimera peut-être dans la salle, on me dira peut être que non, la puissance publique se sert toujours de la loi de

70, de façon victorieuse et je crois que la plupart des observateurs constatent que ce n'est pas le cas.

Un marché libre parallèle des substances illicites est doublement injuste socialement. Doublement injuste socialement parce qu'il est particulièrement libre, particulièrement parallèle et particulièrement libre dans les quartiers défavorisés.
Pourquoi est-ce une double injustice ? D'abord parce que ce sont les quartiers les plus défavorisés qui vont avoir accès à la drogue le plus facilement et donc, qui ne vont pas avoir les freins monétaires et cognitifs des autres d'une part.

D'autre part, ceux qui vivent à leurs côtés, vont avoir toutes les externalités négatives des mafias. Vous vous souvenez peut-être, France 2 est revenue très souvent sur l'affaire d'un immeuble de Saint Ouen dans lequel on ne pouvait pas rentrer sans être contrôlé par les vendeurs.
On a fini, à cause de ce sujet télévisé qui montrait que les habitants étaient complètement sous la coupe des vendeurs, on a fini par mettre la police tous les jours au pied de l'immeuble.
L'immeuble est libéré et quand on vient interroger les gens, ils vous disent : « *oui, ils se sont installé un petit peu plus loin !* ». Nous savons très bien que nous ne pourrons pas mettre autant de policiers un petit peu plus loin pour libérer, chaque fois, les habitants des immeubles.
Une économie parallèle qui nourrit les activités criminelles à un point jamais encore atteint. C'est-à-dire qu'il y a dix ans, en parlant de la prohibition, certains partisans de la dépénalisation disaient « *regardez la prohibition américaine, ça n'a pas marché* ». J'avais plutôt tendance à rigoler, car ce n'était pas du tout le cas en France, mais aujourd'hui c'est le cas.

Des villes dans lesquelles on se tire dessus à bout portant et sans que personne ne puisse intervenir, ni en prévention, ni en curatif si on peut dire, c'est le cas tous les jours.
Quelles solutions institutionnelles ?J'en présente trois que j'appelle solutions sèches, ça veut dire purement et simplement : l'interdiction renforcée pure et simple ne marchera pas pour quantité de raisons pour lesquelles elle n'a pas encore marché jusqu'à présent. L'interdiction des usages est de toute évidence sans effet parce qu'elle est considérée comme injuste par, je pense, la majorité de la population et en particulier par les corps professionnels qui sont les plus en contact avec les usagers de drogues.
Nous voyons bien que si la police, dans un système qu'elle a bien rodé, fait de la statistique avec des élucidations faciles, etc., en mettant la main sur des gens dans des quartiers dans lesquels elle peut rentrer, d'ailleurs, pas les autres, les magistrats ne sont pas du tout sur cette longueur d'onde.

J'ai oublié de signaler que 1999, ce n'était pas seulement l'alcool et le tabac qui sont rentrés dans les drogues, c'est aussi la date de la circulaire Guigou qui a mis un point d'inflexion sur la répression, privation de liberté, amende, vers une médicalisation croissante.
Nous voyons que compte tenu du paysage général, l'interdiction renforcée n'a pas d'avenir.
La dépénalisation sèche : dépénaliser sans faire quoi que ce soit d'autre, c'est une prime aux mafias.
Vous faites baisser le prix de la drogue immédiatement. S'il n'y a plus de difficultés à aller s'approvisionner, il n'y a plus tellement de difficultés à approvisionner et, en fait on peut penser que la demande, logiquement, augmentera avec une dépénalisation que j'appelle, sèche.

La légalisation sèche : pareil. Le problème d'une légalisation pure et simple, c'est le problème du prix. À quel prix une légalisation sèche doit mettre la drogue ?
C'est un prix de marché et le prix de marché est ridiculement bas et s'il est ridiculement bas, il va forcément induire une explosion de la demande. Nous avons des raisons de santé publique pour refuser cette légalisation sèche parce qu'il n'est pas question que cette légalisation augmente purement et simplement le nombre de demandeurs et d'usagers.

J'en arrive à la légalisation contrôlée. En lançant juste quelques idées, évidemment. Un régime d'autorisation de mise sur le marché pour toutes les substances psychoactives dont il est prouvé qu'elles sont toxiques. Ce n'est pas du tout la même chose. On se souvient du chocolat, j'ajouterais le café. Une substance peut être addictive sans être forcément toxique. Le problème du tabac n'est pas tellement qu'il soit addictif, c'est qu'il provoque du cancer et des maladies cardio-vasculaires.
Le problème de l'alcool est différent, car c'est une addictivité qui est, elle-même, productrice de nuisance. Le tabac, comme le disait Monsieur Etienne Apaire, qui a décidé que la MILDT ne devait pas s'en occuper, ce n'est pas un trouble à l'ordre public.
Donc, si vous avez à la fois une substance psychoactive susceptible de rendre addict et ayant une toxicité avérée, effectivement autorisation de mise sur le marché.
Un haut niveau de protection du consommateur : est-il possible d'arriver à ce que les consommateurs fassent confiance au cannabis qu'ils auront acheté… oui, pourquoi je parle du cannabis ? Tout le monde sait bien que si jamais on pouvait mettre le petit doigt dans un régime de légalisation contrôlée, nous commencerions par le cannabis. On ne va pas commencer par l'héroïne.

Si le consommateur sait, en allant à son bureau de tabac acheter du cannabis, qu'il a une garantie de sécurité du produit, nous avons, pour nous, une chance de démobiliser les mafias. Cela fait quand même un argument compétitif énorme.

Au niveau de la protection du consommateur, même si elles mettaient le cannabis à un prix plus bas, les mafias n'arriveraient pas à nous concurrencer. C'est cela qu'il faut viser comme objectif et je pense qu'il est atteignable.

Enfin, il faudrait aller vers des sanctions administratives et des pénalités financières à l'égard des non licenciés. Ne pas considérer le trafiquant ou quelqu'un d'autre comme quelqu'un qui a vendu quelque chose qu'il n'avait pas le droit de vendre parce que de la même façon que l'on n'a pas le droit de vendre des médicaments si on n'est pas pharmacien, on n'aura pas le droit de vendre du cannabis si on n'a pas sa licence d'état.

Discussion

Nicole Maestracci

Je réagis très rapidement sur une thèse qui ne m'est pas inconnue. C'est vrai qu'elle a le mérite de la cohérence et d'une forme de logique. Caballero la défend depuis très longtemps, il n'est pas le seul et c'est vrai que c'est très séduisant, intellectuellement.

La difficulté que nous avons dans les politiques publiques, c'est que nous ne sommes pas capables d'anticiper ce que sera un changement total de politique publique. Nous n'avons pas de méthode pour le faire.

Ce que je voudrais dire simplement pour apporter au débat - c'est un débat, il faut le poser comme un débat - je n'ai pas une conviction totalement arrêtée sur ces questions, car je vois bien aussi la difficulté que nous avons à contrôler l'alcool, le tabac et les conséquences de l'alcool et du tabac. Lorsque je suis arrivée à la MILDT, qu'est-ce qui m'a fait prendre conscience ?

C'est-à-dire que je n'étais pas très compétente dans ces domaines donc j'ai regardé, j'ai écouté et j'ai lu tout ce qui était écrit. Quand nous voyons la différence de dommage sanitaire et social entre les drogues illicites d'un côté et les drogues licites de l'autre, c'est vrai que l'on se dit : « *Comment se fait-il que l'on ait une politique si déterminée contre les drogues illicites* », et je ne parle pas seulement de la politique répressive, je parle aussi de la politique sanitaire, de la politique de prévention, etc.

Et, si peu de politique, finalement, à l'égard de l'alcool et du tabac.

Pour moi, cela s'explique aussi par des raisons économiques, par le poids du lobbying industriel, qui est très important, je dis qu'une politique publique n'est pas seulement une loi.

C'est vrai que la loi de 70 est une question, mais ce n'est pas seulement une loi, c'est d'abord de la prévention. Une question de santé publique, c'est d'abord du sanitaire et la répression ou la sanction pénale ne vient qu'en dernier lieu. Parfois, nous avons fait l'inverse donc dans ce domaine comme dans d'autres et c'est une des raisons pour laquelle nous nous trouvons un peu dans cette situation.
Je dirais que si la loi de 70, et nous avons vu en écoutant le procureur, si tout ce qui a été mis en place en matière de stages, d'injonction de soins, etc. a été fait, je dirais, pour répondre à la question que posait le doyen tout à l'heure, nous savons peu de choses sur le fait de savoir si cela prévient la récidive ou pas. La seule chose que nous savons, c'est qu'effectivement, le fait de l'injonction de soins a rajeuni la file active des CSAPA, en tous les cas pour l'alcool.

Ce qui veut dire que d'une certaine manière la justice, et cela pose un problème, a pallié un déficit de politique de santé publique dans ce domaine. Le procureur le disait tout à l'heure, il disait que finalement les gens, tant qu'il n'y a pas de dommage collatéral, tant qu'il n'y a pas eu d'infraction, ils ne viennent pas spontanément dans un CSAPA pour dire, j'ai un problème d'alcool ou j'ai un problème de tabac.
C'est vrai que la justice, là, a joué un rôle qu'elle n'aurait pas dû jouer, si nous avions eu une politique d'éducation, de prévention et une politique de santé publique qui permette de repérer, en amont, les véritables problèmes des personnes.
Cela, il me semble que tous les problèmes de la politique française, dans ce domaine, ne peuvent pas être attribués seulement à la loi. Je pense qu'il y a des questions que nous n'avons pas suffisamment anticipées.

Cela a beaucoup évolué, mais quand je suis arrivée à la MILDT, c'est vrai qu'en matière d'alcoologie et de tabacologie, le paysage sanitaire était quand même extrêmement réduit.

Deuxièmement, en matière de prévention, l'autre point que nous savons et là, vous avez raison et parce qu'il y a eu pas mal d'études européennes autour de cela, montrent que le caractère plus ou moins sévère de la loi ou plus ou moins répressif de la loi, n'a pas de conséquence, ni dans un sens, ni dans un autre, sur le niveau de consommation et d'ailleurs, nous voyons bien que le niveau de consommation des jeunes Néerlandais est bien plus bas que celui des jeunes Français.
On a beaucoup dit, parfois à tort, que les Pays-Bas étaient un pays très tolérant dans ce domaine. Si nous regardons pourquoi, c'est parce que les Pays-Bas ont une tradition de prévention qui est extrêmement importante avec de la prévention des conduites à risques, pas seulement les drogues, dès la maternelle jusqu'à la fin de la scolarité et cela change beaucoup de choses dans l'éducation des comportements.

Deuxième chose, quel peut être le fondement de la loi ?
Je crois que l'on peut être tous d'accord pour dire qu'au fond, il faut que la loi sanctionne ce qui va nuire aux autres. Ce qui va nuire aux autres, c'est tout ce qui est violence, tout ce qui est comportement.
Là-dessus, la loi a changé en ce qui concerne l'alcool puisque c'est devenu une circonstance aggravante alors qu'avant ce ne l'était pas. Cela ne change pas forcément grand-chose, mais je rappelle qu'il y a des pays où l'alcool est une circonstance atténuante.

Vous vous souvenez de Bertrand Cantat, condamné à Vilnius, l'alcool était une circonstance atténuante et finalement il a été condamné moins qu'il ne l'aurait été dans un pays comme la France.
Ce qu'en revanche nous pouvons discuter, c'est : est-ce que nous devons sanctionner un comportement qui va n'avoir de conséquences néfastes que sur soi-même ?
Je donne l'exemple de la ceinture de sécurité. C'est vrai qu'il y a eu des débats au moment où il y a eu l'infraction de non-port de la ceinture de sécurité puisqu'il y avait même des juges qui avaient relaxé, considérant que l'on ne nuisait qu'à soi-même.
Mais, est-ce que, lorsque l'on provoque délibérément un dommage corporel, qui va être pris en charge par la Sécurité Sociale, par la société tout entière, est-ce que l'on ne nuit qu'à soi-même ?
C'est une question que je pose, mais nous devons nous la poser de cette manière-là et je pense que pour le tabac, c'est une des questions également que nous devons nous poser compte tenu des dommages sanitaires extrêmement validés et extrêmement solides qui ont été établis.

Enfin, je voudrais dire sur la question de, on ferait disparaître les trafics, on ferait disparaître…, c'est vrai que cette relation de causalité mériterait quand même d'être validée. Le principal problème des banlieues difficiles, c'est vrai qu'il y avait un maire de Seine-Saint-Denis qui a aussi prôné la légalisation en disant « *je n'en peux plus* ». Ce sont quand même des cités où l'on a 40 % de jeunes qui sont au chômage et dans ce cas, il y a un développement d'une économie parallèle, d'une manière ou d'une autre si ce n'est pas celui-là ce sera un autre, en tous les cas, il n'est pas certain que cela produise les effets totalement attendus.

Enfin, je dirais que la France ne peut pas raisonner en franco-français puisque nous avons des conventions internationales et nous pouvons imaginer qu'il y ait une réflexion et d'ailleurs, elle commence à s'amorcer, car les États-Unis qui ont été les leaders de la guerre à la drogue pendant des années et qui ont eu une position très ferme à l'ONU pendant des années, aujourd'hui, ont une position un tout petit peu plus nuancée. Un certain nombre de pays l'ont aussi, Michel Koutouzis le dira tout à l'heure.

Donc, je pense que le débat est en train de s'amorcer.
Je dirais simplement ce que nous pourrions faire en France : les conventions internationales nous autoriseraient en l'état, à dépénaliser l'usage de stupéfiants puisque les conventions internationales nous obligent à pénaliser la détention de stupéfiants. Vous me direz que la frontière entre détention et usage est souvent un petit peu fragile, mais nous ne sommes pas contraints de pénaliser l'usage et en plus, sur le mot dépénalisation, il y a souvent de la confusion, car il y a un problème de traduction. Quand nous disons pénalisation, ça veut dire peine de prison. Certains pays ont des sanctions administratives. Dans l'Espagne ou l'Italie, ce sont des contraventions qui sont des contraventions judiciaires. C'est toujours un petit peu compliqué.
Je dirais que ce que nous avons du mal à comprendre en France, c'est que nous pouvons dépénaliser un comportement et néanmoins ne pas considérer forcément ce comportement comme un bon comportement. Je donne l'image du chèque sans provision, par exemple, il a été dépénalisé, c'est-à-dire que ce n'est pas une infraction pénale, mais vous savez tous que ce n'est pas autorisé pour autant. C'est-à-dire qu'il y a d'autres sanctions sociales qui se sont mises en place.

Voilà, ce sont des éléments du débat, c'est vrai que nous pouvons regretter en France que nous ayons énormément de mal à poser ce débat de façon sereine et tout de suite il y a une opposition laxiste/répressive qui n'est pas le bon débat.
Le bon débat est de savoir ce qui est efficace et pour quel objectif.

Qu'est-ce que nous voulons finalement?
Je crois que tout le monde, aujourd'hui, admettra que la prohibition totale n'a pas beaucoup d'avenir, que des sociétés sans drogue n'existent pas. En même temps tout le monde sera d'accord pour dire qu'il faut diminuer les risques. Tout le monde sera d'accord, toute la communauté scientifique est d'accord pour dire que l'on doit distinguer l'usage occasionnel de l'usage abusif et l'addiction ; mais en même temps, nous savons que la consommation et les dommages liés à la consommation vont être différents selon les individus, vont être différents selon la vulnérabilité des individus. Donc, il faut placer un curseur quelque part, c'est sans doute le dommage à autrui et il faut se poser la question du dommage à soi-même et ce qu'une société est prête à accepter.
Donc, voilà, ce sont des débats qui se posent dans d'autres pays. Ce qui est particulier à la France, c'est le caractère passionnel de ce débat et cela, vous avez raison de le souligner. En même temps la solution qui est proposée est aujourd'hui irréaliste compte tenu de nos conventions internationales. Elle le sera peut-être un jour.
Ensuite, il faut se poser la question de savoir si nous avons la certitude que passer à un autre système permettrait de résoudre tous les problèmes qui ont été évoqués et qui sont réels.
C'est une question qui sera encore débattue dans les dix années qui viennent.

Géopolitique et géostratégies des drogues

*Michel Koutouzis**

Mon intervention semble différente de ce qui a été dit jusqu'ici, mais, en fait, est extrêmement liée, ne serait-ce que par la toute dernière remarque de Madame Maestracci et qui concerne, justement, pour faire très rapidement un schéma, la façon dont on sanctionne celui qui fait du mal aux autres, mais en ne pensant plus seulement aux individus, mais en pensant aux politiques et en pensant aussi à la communauté internationale et au rôle des états : est-ce que ces états font du mal par rapport à la politique qu'ils mènent, sur les drogues ?
Et la deuxième question, c'est que nous remarquons depuis quelques années, un glissement significatif, surtout dans les pays producteurs, mais pas seulement, qui sont aussi des très grands consommateurs, qui posent le problème de la drogue, non plus par rapport aux questions sanitaires de santé, que ce soit la santé publique ou individuelle, mais tout simplement sur des questions d'état de droit.

Est-ce que l'on a le droit, au nom de la santé publique ou de la santé des individus, de mettre en cause l'intégrité et le bon fonctionnement de l'état de droit ?
C'est le tout dernier développement au niveau politique, diplomatique, géopolitique que nous voyons aujourd'hui apparaître en ce qui concerne le débat sur les drogues.
C'est un mouvement qui est né surtout en Amérique latine, mais qui, aujourd'hui, est en train de se propager partout ; d'ailleurs, les propositions de Monsieur Vaillant font

* *Historien, ethnologue, consultant-expert auprès de l'O.N.U. et de l'U.E.*

directement référence à ces discussions qui se font au cœur de l'ONU par une commission qui est une commission à laquelle participent des responsables des Nations Unies, mais aussi des anciens chefs d'état et de gouvernement, des grands spécialistes, soit de question juridique et d'état de droit, soit de drogue.
Donc, lorsqu'on introduit la notion de la géopolitique, il faut savoir de quoi on parle : la notion du risque, la notion du mal à autrui, toujours liée à la drogue, mais surtout liée à la politique menée jusqu'ici au nom des drogues, de ce que peut amener la drogue dans une société.

La géopolitique des drogues, c'est quelque chose de très confus, c'est en général un concept extrêmement ancien. Les premiers qui l'ont vraiment introduit dans la pensée militaire, ce sont les Chinois.
La géopolitique était plutôt une invention allemande, de la première guerre mondiale et elle a commencé à se développer et à introduire d'autres sujets que le problème de l'espace, du territoire et de la frontière pour arriver à un tout autre sujet. On peut trouver, par exemple aujourd'hui, la géopolitique des drogues ou la géopolitique des interdits ou la géopolitique des mers, la géopolitique des hydrocarbures, c'est-à-dire comment nous faisons et quels sont les mécanismes par lesquels des intérêts différents entrent en contact, résolvent un problème, accaparent l'espace, que celui-ci soit réel ou irréel.
Donc, qu'est-ce que c'est que la géopolitique ? C'est définir un territoire, voir quels sont les rapports de forces, voir quelles sont les intersections, quels sont les axes de communication…
Ce sont des termes assez militaires, mais en ce qui concerne la géopolitique des drogues, nous avons des éléments qui sont très importants, ce sont : comment se servir et exploiter les espaces vides, les espaces indéfinis,

les espaces hors des règles et des lois et comment on en crée des nouveaux.
À ce niveau, il ne s'agit pas de créer des états de non-droit, comme dans une banlieue ou une région dans laquelle le service public ou la police n'entreraient pas. C'est aussi se servir des espaces de non-droit ou de droit différencié ou de droit privilégié ou de droit particulier, qui existent déjà et qui ont été mis en place par nos propres sociétés.
L'essentiel, c'est comment on fait le vide par le plein. C'est-à-dire comment on occupe un territoire en faisant fi des frontières et en créant un espace dans lequel on peut agir et fonctionner sans être particulièrement inquiété et, donc le conquérir.

Les drogues ont un nombre d'identités incroyable. L'identité géographique qui parle opium parle Afghanistan ou Birmanie ou un peu Mexique.
Qui parle d'identité historique parle de toute la discussion qu'il y a aujourd'hui sur l'usage, l'abus, sur les mutations de la drogue, sur le fait qu'il y a des sociétés qui utilisent certaines drogues et d'autres qui en utilisent d'autres.
En général, les uns considèrent comme dangereuses les drogues des autres, ce ne sont jamais les leurs.
Il y a l'identité juridique, lorsque vous parlez avec un iranien, bien sûr aujourd'hui il aura la langue de bois et il va vous dire oui, c'est très mauvais le haschisch, mais de par sa religion, la drogue la plus diabolique, celle qui fait des ravages et qui est liée à un interdit religieux, c'est l'alcool.
Donc, à chacun sa drogue et chacun ses interdits et en passant d'une frontière à une autre ou d'une culture à une autre, on se rend bien compte que la drogue n'est pas toujours la même.

Il y a une identité agissante, c'est-à-dire que la drogue n'agit pas de la même manière sur tout le monde. La drogue ou les drogues sont des produits extrêmement liés à la notion de classe. Quand vous êtes riches et bien portants, les drogues ce n'est pas dangereux, quand vous êtes pauvres, chômeur et malade, toutes les drogues sont dangereuses et en plus elles sont plus chères pour vous que pour le riche. C'est-à-dire que la même drogue est vue de manière tout à fait différente par rapport à l'utilisateur et par rapport au réseau qui l'alimente. Je vous donne un exemple très, très simple : derrière tout cela, il y a l'économie, l'argent.

Prenons un produit comme la cocaïne, les cartels colombiens voient une énorme consommation aux États-Unis, quelle que soit la guerre qu'on lui mène, qui a été à l'époque inefficace comme elle l'est aujourd'hui. Par contre, avec la crise dès la fin des années 70 aux États-Unis, l'usage de cocaïne devient politiquement incorrect, c'est-à-dire que chez les pilotes d'avion, ceux qui travaillaient dans la bourse, les banques, les pharmaciens, les médecins, ce n'est plus bien vu d'en consommer donc ils consomment moins.

Donc, les cartels se disent : le politiquement correct ou tout simplement la mode font que l'on ne peut plus vendre cette drogue.
Alors comment on va vendre cette drogue pour la déconnecter complètement du politiquement correct ou de la mode, on va transformer la cocaïne en crack, ça va s'adresser à des gens qui n'ont rien à faire de la mode, du politiquement correct, etc.
Ils sont en soi, eux-mêmes, marginalisés dans la société donc transformons ça.

Le crack est une invention mercantile extrêmement bien réfléchie avec des axes de pénétration, des moyens colossaux mis en place pour faire cette transformation et un abandon des classes traditionnelles de consommation de la cocaïne.

On peut dire exactement la même chose pour les filières turques qui, à un certain moment, voient les politiques de prévention et de réduction des risques en Europe prendre de l'importance, les politiques de substitution. Donc, ils vont transformer l'héroïne en cocaïne, c'est-à-dire on va changer, par les clients, le statut de ce produit, l'héroïne. On laisse la banlieue, on prend les classes moyennes, les classes hautement moyennes, ceux qui, globalement, consommaient de la cocaïne et donc c'est le consommateur qui va rendre invisible la consommation du produit.
Donc, on sera moins ennuyé et ils devront même la payer plus cher, on sera tranquille parce que personne ne viendra nous gêner parce qu'on crée le trouble dans les banlieues, etc.

Vous voyez, nous avons des stratégies de terrain, de clientèle qui sont très importantes. L'identité peut être politique, nous savons qu'il y a des enjeux politiques, géopolitiques.

On sait surtout que quel que soit le discours institutionnel, officiel, quand on va au fond des choses au moment de l'action, soit pour des raisons économiques comme cela a été très bien dit par Madame Maestracci, pour des raisons géopolitiques ou diplomatiques, la drogue ce n'est pas important.

La production au Maroc, ce n'est pas très important par rapport à d'autres enjeux. La production en Afghanistan, ce n'est pas important par rapport à d'autres enjeux, au Pakistan non plus. Je n'ai pas le temps de les décliner, mais je peux toujours vous dire que devant un choix salafisme, fondamentalisme ou culture de cannabis au Maroc, et vente de sous-marins au Pakistan, c'est plus important que l'héroïne.
Comme chasser les talibans qui avaient interdit la culture de l'opium, c'est plus important qu'une intervention militaire qui a transformé ce pays en premier producteur mondial en multipliant par trente sa production.
C'est là qu'interviennent la notion de responsabilité des États et la responsabilité de la communauté internationale par rapport à des interdits et comment elle joue de cela.

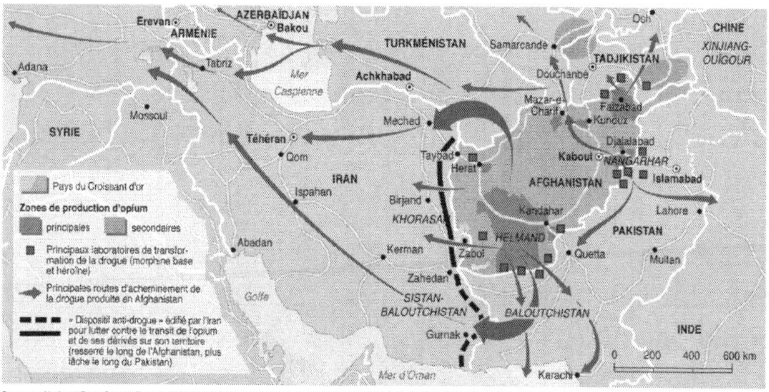

Sources : *National Drug Control Report 2000*, International Relations Office, Drug Control Headquarters (DCHQ) of the Islamic Republic of Iran ; Observatoire géopolitique des drogues (OGD), *Géopolitique mondiale des drogues 1998/1999, rapport annuel*, Presses universitaires de France, Paris, avril 2000 ; Programme des Nations unies pour le contrôle international des drogues (Pnucid).

Qu'est-ce que c'est que la géopolitique des drogues ?
Jusqu'ici, qu'est-ce qu'on faisait ? Cette carte, c'est l'observatoire géopolitique des drogues qui l'a faite et ce sont les Nations Unies qui l'ont communiquée, mais ce que je veux dire c'est qu'à l'époque, quand nous parlions géopolitique, nous étions au balbutiement du phénomène. On disait : « Où est-ce qu'on produit et par quels axes ça part ? ».

Aujourd’hui, quand on parle de géopolitique, on est devenu beaucoup plus sophistiqué et on essaie de déterminer les mécanismes, les fonctionnements, les incohérences et surtout tous les éléments exogènes qui font que quelque chose marche ou ne marche pas.

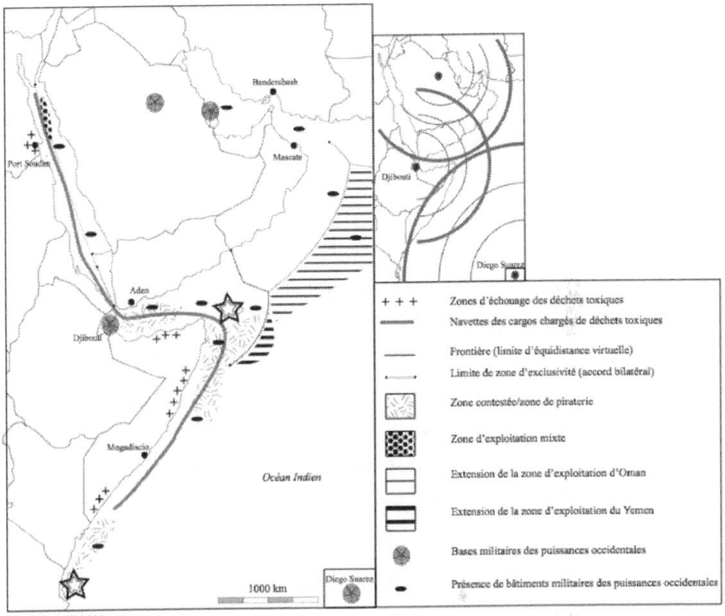

Fond : © Daniel Dalet / d-maps.com

Je vous donne l’exemple de ce que l’on peut appeler l’espace fuyant : il y a un va-et-vient des bateaux de la mafia italienne, qui traversent le canal de Suez depuis à peu près 20 ans.

Nous savons que c’est pour décharger des déchets toxiques et faire venir de la drogue et vendre des armes. Voilà un axe permanent depuis 20 ans, qui passe par les lieux qui sont censés être les plus contrôlés du monde, c'est-à-dire la région dans laquelle toutes les flottes du monde, tous les radars du monde, toutes les autorités du monde et toutes les déterminations des aires d'exploitation au dehors des 80 miles, sont définies ou contestées.

Eh bien, allez savoir pourquoi ce commerce traverse depuis 20 ans, sur un axe absolument défini, malgré les pirates, malgré les radars, les flottes du monde entier et, donc, on a, comme conséquence, qu'après le tsunami et lorsque le tsunami se retire on trouve sur les plages somaliennes parce que c'est allé très haut, autour de Djibouti, des milliers de tonnes de déchets toxiques et soudainement on découvre le fait qu'on savait très bien que ça passait et on savait aussi que les bateaux passaient par le canal de Suez ; malgré que la règle n°1 du canal de Suez est qu'il est interdit à un bateau de traverser le canal s'il est chargé de produits toxiques !
Voilà donc, qu'est-ce que ça veut dire interdire, mettre en place des systèmes de sécurité, qu'est-ce que c'est que mener une guerre contre les pirates lorsque nous avons un axe permanent qui perdure malgré tout cela : nous pourrions parler de la corruption comme arme politique.

Revenons sur un axe qui va de l'Italie et qui descend jusqu'en Somalie et parlons de ce que Marc Augé appelle les espaces blancs, en géopolitique ou en géocriminalité.
Ce que nos sociétés abandonnent, ce sont des espaces où il y a des espaces abandonnés, des friches, des bâtiments qui n'intéressent plus personne, une partie du port que l'on abandonne au profit d'un autre ; une partie du port où, pour des raisons économiques on va construire une nouvelle marina alors qu'il y en a 40 autres qui existent à côté comme à Saint-Martin ; on délaisse les autres.
Une série de bâtiments sur lesquels on n'intervient pas après un typhon comme Hugo à Saint-Martin et on construit à côté dix autres hôtels, etc.

Cela veut dire que là, on crée un espace sur lequel le crime organisé peut créer son propre espace ou sa propre logique et d'une certaine manière, on voit la même chose avec l'argent et à un niveau plus vaste.

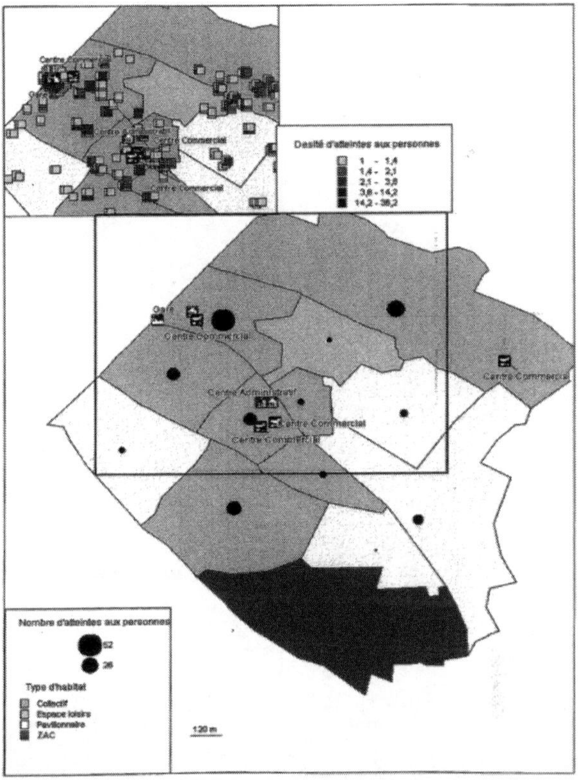

Vous avez une banlieue parisienne, je ne vais pas la nommer et ce qu'en général nous avions comme vision du crime, plutôt de la distribution, car la plupart de ces points que vous voyez, ce sont des points de vente, une criminalité organisée autour du trafic de drogue, nous voyons une multitude de points blancs. En recréant le fonctionnement spatial et en le créant, au travers d'une schématisation de ces espaces, que voyons-nous ? Nous arrivons à une chose très, très simple, au travers cet espace où il n'y a personne, nous vendons là où c'est cher, c'est-à-dire aux classes moyennes et nous protégeons les produits là où nous avons créé un ordre à part, un ordre à soi qui est l'ordre mafieux.

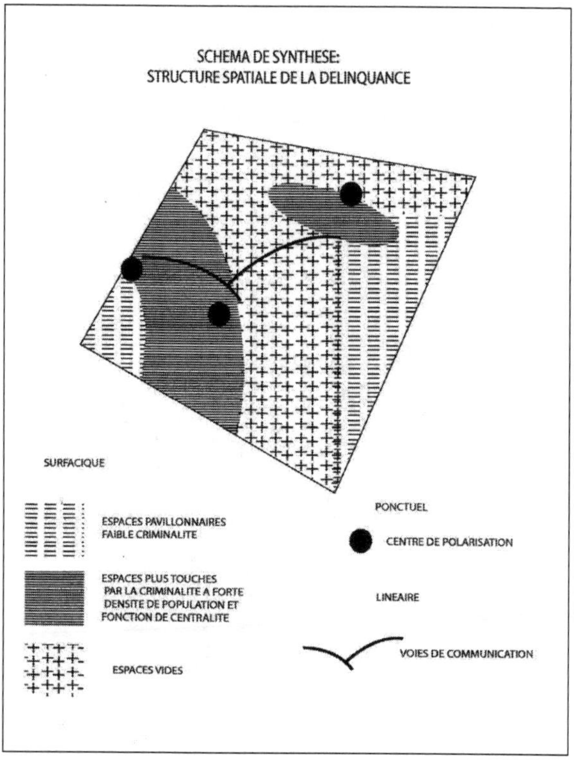

Tandis que la première et la deuxième carte ne disent rien, on peut réfléchir à comment intervenir, car on se rend compte que les axes de pénétration sont extrêmement définis et ils se posent toujours par rapport à un objectif très précis et là, nous pouvons intervenir.

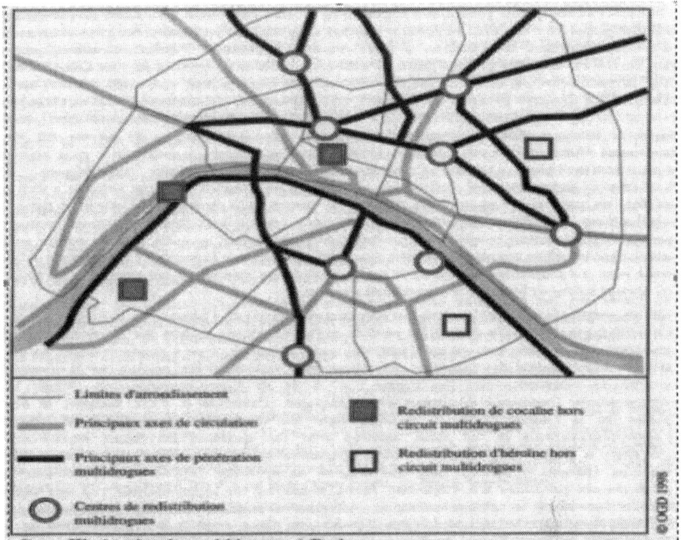

Carte IX : les circuits multidrogues à Paris

Voilà un autre exemple d’axe de pénétration sur Paris. C’est exactement la même chose qu’avec la carte sur les déchets toxiques et la Somalie.

Il y a encore 15 ans, voilà comment était Paris, c'est-à-dire qu’on se servait du métro, il y avait des endroits où on vendait de l’héroïne, des endroits où on vendait de la cocaïne et il y avait 3, 4 points, à l’intersection des quartiers riches ou des quartiers pauvres où on commençait à peine à être pluri-drogues, à vendre plusieurs drogues.

Si je refais cette carte aujourd’hui, on se rend compte que tous les particularismes ont disparu. C'est-à-dire que tout le monde est devenu un supermarché. C'est-à-dire que l’on peut trouver tout, partout, toutes les drogues et produits et tout ce qui va avec c'est-à-dire des petites armes à poing, des drogues licites vendues dans le marché illicite, etc. Vous pouvez avoir une sorte de supermarché médical qui va des anesthésiants jusqu’à la cocaïne, l’héroïne, l’ecstasy, etc.

Donc, si la dynamique était prise au moment où cette information est synthétisée, il y aurait eu moins de problèmes qu'aujourd'hui, nous avons affaire avec un ensemble global.
Inutile de vous dire que tandis qu'on parle des banlieues, la consommation qui rapporte le plus d'argent, les consommateurs eux, sont à Paris.

Un autre aspect de la géopolitique, c'est de ne pas se perdre dans des multiplicités d'axes, et essayer de déterminer comment fonctionne le crime organisé.

Les plaques tournantes du trafic de drogues en Europe

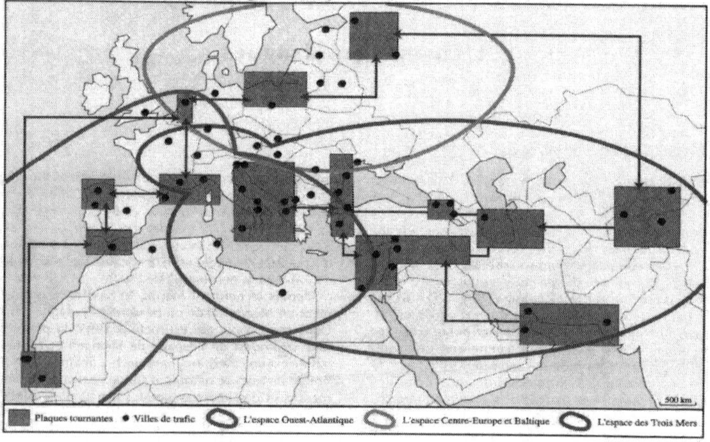

Le crime organisé fonctionne exactement de la même manière que les multinationales. Il y a des endroits où il produit, il y a des espaces où il peut traverser au moindre coût, c'est-à-dire sans vraiment prendre trop de risques et il y a des endroits où il peut faire des échanges de services, de biens ou d'intérêts et, donc les trois grands cercles, les trois espaces différents, les points de production, de passage et les centres de distribution locaux et les intersections, c'est là où les uns ont besoin des autres.

C'est très important pour pouvoir agir si vraiment on a envie d'agir, non pas sur les drogues, mais sur le trafic, le crime organisé.

Après, nous arrivons sur ce que j'ai dit au début, sur la mutation du problème sanitaire au problème de l'état de droit. Aujourd'hui le phénomène du crime organisé n'est pas un problème secondaire ou un problème lié à quelque chose.
Il a en lui-même, une identité et cette identité est tellement importante que ça mène des Etats chez nous et non pas au Mexique, je parlerai plus tard du Mexique, pour montrer l'intensité du phénomène.
Dans un pays comme la Grèce, nous avons commencé par une diffusion par cercles et nous sommes arrivés à un contrôle quasiment total du centre historique d'Athènes.
Ce centre historique, il est quasiment déprécié, c'est-à-dire que les problèmes économiques et sociaux sont tels que par exemple tous les immeubles ont perdu à peu près 70 % de leur valeur. Les sites historiques sont infectés.
Le transport devient très difficile et la police, étant donné la crise politique que connaît la Grèce, et les économies qu'on lui demande de faire, est absolument incapable.
Ce truc-là a tendance à augmenter, à devenir une sorte de contrôle total de tout ce qui est résidentiel en incluant tous les grands espaces où sont présentes les grandes administrations qu'aujourd'hui on est en train de protéger par des forces de police.
Inutile de vous dire que dans ce centre, en l'espace d'un an, trois hôtels 5 étoiles ont fermé leurs portes, car ils n'arrivaient plus à garantir leur sécurité.
Ce n'est pas un phénomène uniquement de consommation.

C'est aussi un problème économique vital, on est en train d'abandonner le centre d'Athènes comme on a abandonné dans les années 50 le centre de Détroit à cause de la crise

automobile et en contrepartie, vous avez le secrétaire général de l'UNODC qui vous dit : sans l'argent des cartels mexicains - il ne l'a pas dit exactement comme ça, mais je le cite - sans l'argent des trafiquants, une grande partie du système des banques, ce qu'on appelle les banques qui ne sont pas liées aux très grands colosses financiers, serait fermée.
Ça, c'est de la géopolitique.

Prenons maintenant à l'envers le concept de l'offshore dont on parle beaucoup.
Qu'est-ce que c'est qu'une offshore ? C'est quelque chose qui permet aux dentistes, aux médecins dans les années 80, à faire revenir l'argent qui est caché du fisc en le faisant transiter par les Caraïbes, je parle du dentiste ou du médecin canadien ou américain, je ne parle pas du tout du dentiste français !
Nous avons 25 ans d'impunité par rapport aux offshores.

La conséquence, la voilà, c'est-à-dire que nous avons un lieu dans lequel l'impunité financière et les pratiques des ports francs ont transformé cette région en une rencontre de toutes les mafias du monde et d'une synergie de tout ce qui est crimes organisés dans le monde.

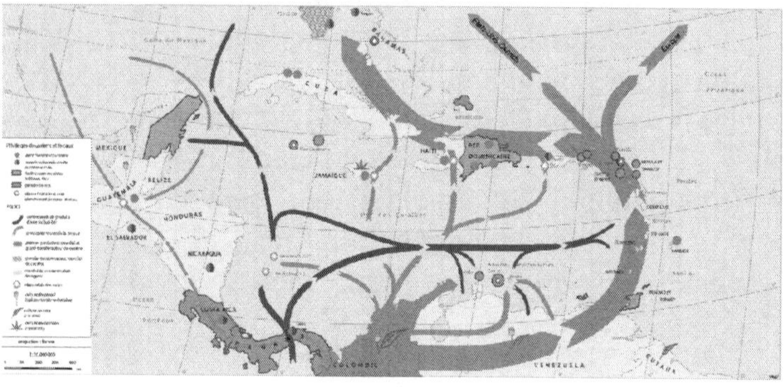

C'est parce qu'il y a des zones franches, des dérogations, des offshore, des ports francs, des paradis fiscaux, que nous avons cette concentration. Ce n'est pas parce qu'eux ils sont là que nous mettons en place les offshore. Les offshore et tout ce qui est facilité de notre modèle de fonctionnement financier, ils étaient déjà là.
À un certain moment, l'argent du crime organisé représentait un peu moins de 1 %, il y a 20 ans. Aujourd'hui, lorsque vous vous demandez qui est le premier investisseur au Vietnam, on vous dira que ce n'est pas les États-Unis, pas la France, pas l'Allemagne, ce sont les Iles Vierges.
La même chose que nous rencontrons dans les Caraïbes, nous pouvons aussi le voir, si nous faisons une division territoriale du monde entier, et ce qui est intéressant à voir dans cette définition un peu géopolitique du crime organisé, c'est qu'aujourd'hui tout le monde est partout.

Je vous donne un exemple complètement commercial : lorsque les cartels colombiens ont dû repenser leur filière de cocaïne en Europe, et aussi le nouveau marché russe, ils sont allés voir les mafias russes qui leur dont dit, d'accord, vous avez le produit, nous avons une population captive. Je parle d'une réunion officielle qui a eu lieu, nous avons une population captive, exactement comme on fait pour du dentifrice ou coca-cola, on partage les gains et on prend en charge l'acheminement à travers nos propres filières, ça veut dire Cuba, l'Afrique de l'Est, l'Asie, parce que l'espace n'est pas important pour le trafic, c'est la circulation dans l'espace qui est importante, moitié/moitié et l'on prend en charge de ré-amener la cocaïne vers l'Europe par l'est et non plus par l'océan.

Prenons un continent particulier qui est très en avance sur les mécanismes. C'est parce que c'est en Amérique latine qu'a commencé la fameuse guerre à la drogue.

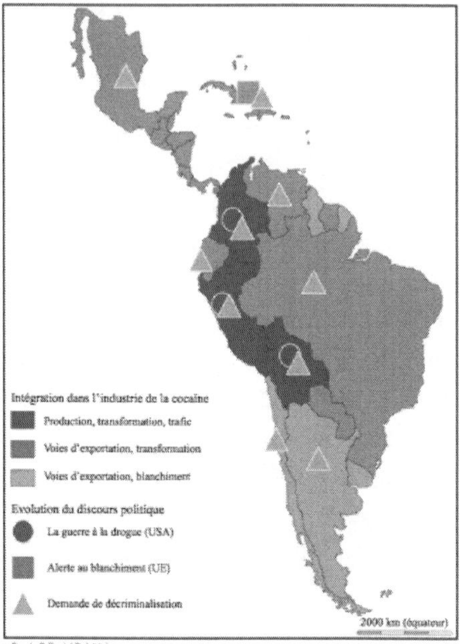

Fond : © Daniel Dalet / d-maps.com

La guerre à la drogue a été une vraie guerre qui identifiait aussi les mouvements de gauche, les mouvements liés à la drogue et c'est une guerre qui a permis des interventions militaires un peu partout, au Panama, en Grenade, en Colombie, au Chili, en Uruguay et il y a eu une vraie présence militaire. Cette présence militaire a réglé des tas de problèmes pour les Américains sauf celui de la drogue et de la cocaïne.

À un certain moment, nous voyons que cette continentalisation du phénomène cocaïne, qui a commencé par trois pays, le Pérou, la Bolivie et la Colombie ; nous sommes arrivés à une participation, à une forme ou une

autre de ce trafic, de ce commerce, de l'ensemble des pays d'Amérique Latine avec des effets désastreux pour certains pays comme le Mexique.
Pour vous situer, on est en train de parler aujourd'hui de zone blanche ou de zone de non-droit dans certaines banlieues parisiennes. Imaginez un pays dans lequel les conseils municipaux, la police, les juges, les autorités régionales et fédérales arrivent au gouvernement central, déposent leurs armes, leurs clés et disent : nous, on démissionne.

Donc, la continuation même de l'état de droit est mise en cause par les cartels.
Imaginez aussi que ce que nous appelons aujourd'hui le cartel mexicain, en puissance de feu, c'est la 6ème armée mondiale.
Voilà un peu où l'on est arrivé avec cette guerre à la drogue et cette continentalisation du phénomène cocaïne.

Du coup, nous voyons tous ces pays, en particulier les pays où tout a commencé, le Pérou, la Bolivie, le Mexique, moins en Colombie, le Brésil, les Caraïbes, complètement phagocytés par le phénomène du blanchiment d'argent, mais ça veut dire corruption et corruption veut dire perte de démocratie et des revers démocratiques. Aujourd'hui on achète et on vend les gouvernements, dans toute une série de petits pays.
C'est là que nous avons cette nouvelle vision du monde: cessons de parler des drogues comme une chose bonne ou mauvaise, quelque chose qui a affaire avec la santé, comment sauver la santé des citoyens, nous sommes dans une situation de sauver l'état de droit.
Ce que personne n'a réussi à faire en 200 années puisque les républiques, les démocraties latino-américaines sont

antérieures à celle de l'Europe, les mafias sont en train de le réussir.

Comment le crime organisé fonctionne-t-il ? Nous avons et vous le voyez tous les jours à la télévision, ces courses extraordinaires contre des grosses cylindrées des trafiquants qui amènent la drogue depuis l'Espagne, depuis le Maroc ou l'Amérique latine.
Eh bien, pendant 15 ans, on s'est focalisé sur les « *go fast* ». Au moment où on a réussi à mettre un dispositif qui fonctionne plus ou moins dans l'ensemble des pays européens, en particulier par les pays transitaires, comme ça, les trafiquants ont mis en place les « go slow », c'est-à-dire les croisières, les bateaux à voiles et les caravanes en général conduites par des gens à la retraite et qui font du 80 km/h au lieu de faire du 280.
Dans 10 ans, on va découvrir cela, on va mettre en place un dispositif et on reviendra sur un autre mécanisme, par exemple les « *go fast* » que l'on aura oublié entre temps.

Essayez de réfléchir par rapport à la corruption à la manière dont Sunzi, celui qui a écrit « L'art de la guerre », considérait la corruption.
Il disait : « *Il y a 5 niveaux d'espions : l'espion le plus efficace, celui qui rapporte le plus est celui qui est recruté parmi les fonctionnaires de l'État ennemi, il est soudoyé par notre compte et c'est là l'usage magistral des espions* ».

La corruption n'est pas seulement une vision religieuse sur laquelle on est très attaché. Pourquoi aujourd'hui est-on préoccupé par la corruption ?
Parce que nous avons des antécédents et un historique religieux, qui relie la corruption à la perte de l'âme et à une vision purement militaire, c'est-à-dire comment entrer

au cœur de l'appareil d'Etat et voilà comment réfléchissent aujourd'hui les mafias mondiales et c'est comme cela qu'il faudra, à partir d'aujourd'hui, comme pour les drogues, l'analyser.

Les salles de consommation à moindre risques

Bernard Bertrand*

Le réseau français des Réductions des risques a été créé en 2009, le 19 mai, lors de la « *Journée de l'hépatite* », quand nous avons ouvert dans les locaux d'ASUD à Paris une vraie-fausse salle de consommation.
Vraie-fausse, car les médias ont cru que c'était une vraie, avec des vrais usagers qui allaient venir consommer sur place, d'où le buzz qu'il y a eu après. Le collectif qui se nommait au départ, le collectif du 19 mai, s'est transformé, il y a deux ans en « *Réseau Français de Réduction des Risques* ».
Comme vous avez pu l'entendre, depuis quatre ans, il y a un gros débat qui s'est mis en place en France sur l'ouverture des salles de consommation.
Pourquoi les médias parlent de « salles de shoots » ? C'est plus pour une histoire de place sur l'emplacement des titres, parce que « salle de consommation à moindre risques » ça prend trop de place par rapport à « salle de shoots. Malgré le travail que nous avons fait auprès d'eux pour leur expliquer que « salle de shoots », ça ne facilitait pas le débat notamment face à la population et certains politiques, mais là-dessus, comme il y a la liberté de la presse, nous n'arrivons pas à faire modifier les titres.
Nous avons, au niveau du « *Réseau Français de Réduction des Risques* », un collectif d'experts scientifiques indépendants, notamment avec des avocats.
La question du cadre légal, au niveau national comme international, s'est posée puisque les opposants à ce type

---

* *Expert sur la question des SCMR, membre du bureau du réseau français de réduction des risques, coordinateur de l'association "La Trev".*

de structure, en dernier ressort, nous sortent l'argument du droit international et du droit français.
Il y a deux ans, la MILDT avait sorti cet argument-là en disant que l'ouverture de salles de consommation allait à l'encontre du droit international et d'ici quelque temps, je crois que c'est un argument qui ressortira. Donc, il est important de savoir de quoi on parle.
L'OICS, l'Organe International de Contrôle des Stupéfiants qui a été établi en 1968, est un organe de contrôle indépendant chargé de surveiller l'application des traités internationaux relatifs au contrôle des drogues.
L'OICS est une unité administrative du Programme des Nations Unies pour le Contrôle International des Drogues (PNUCID) qui est composée de 13 membres dont seulement trois sont des professionnels du soin. C'est important, et d'autres viennent de pays encore éloignés de la démocratie, dont l'Iran, la Chine, la Thaïlande et l'Indonésie.

La France, comme vous devez le savoir, est signataire de trois traités internationaux qui font que nous avons aujourd'hui aussi une loi qui découle de ces traités :

1- la Convention unique sur les stupéfiants de 1961, modifiée par le Protocole de 1972 portant amendement de la Convention unique sur les stupéfiants de 1961 ;
2- la Convention sur les substances psychotropes de 1971 et
3- la Convention de Vienne contre le trafic illicite de stupéfiants et de substances psychotropes, de 1988.
L'OICS, depuis le début, il y a à peu près 25 ans, car la première salle de consommation a ouvert à Berne il y a 25 ans, ce n'est pas nouveau, s'est toujours opposé à leur mise en place et aussi plus généralement à la politique de réduction des risques.

En 2006, par exemple, il propose une reclassification de la buprénorphine sur la liste des stupéfiants... Cette proposition fut rejetée par le comité d'experts sur la dépendance aux drogues de l'OMS, en raison des bénéfices connus.
Il faut savoir que ces trois traités que la plupart des États du monde ont signés, à aucun moment ne parlent de salle de consommation, à aucun moment ne parlent d'échanges de seringues, à aucun moment ne parlent de politique de réduction des risques.
L'OICS oublie souvent dans ses remarques sur son opposition aux salles de consommation de citer un rapport qu'elle a elle-même commandé en 2002, auprès de la section des affaires légales, le PNUCID (Programme des Nations Unis pour le Contrôle International des Drogues). Cet avis juridique précise qu' « *il est difficile d'affirmer qu'établir des salles de consommation ou même la possession de drogues illégales était une atteinte au droit international* ».
Les auteurs de cet avis précisent que si ces actions peuvent paraître insuffisantes d'un point de vue de réduction de la demande, elles ne constituent pas une intention d'inciter à la commission d'un crime, tel que stipulé dans la Convention de 1988.
C'est important, notamment quand on va parler du droit français. Est-ce que la politique de la réduction des risques incite à l'usage ?
L'OICS apparaît donc comme uniquement centré sur des approches répressives alors que l'efficacité des approches intégrant une palette variée de réponses : prévention, soins et réduction des risques, est désormais prouvée scientifiquement.
On peut s'étonner de la position de la MILDT et de l'Académie de médecine, qui, il y a deux ans, a fait un communiqué de presse et l'a renouvelé, il y a quelque

temps, faisant part de leur opposition sur les salles de consommation, qui se base sur ce droit international pour émettre leur avis. Et uniquement sur ce droit, car derrière, il n'y a aucun argument au niveau sanitaire.

Au niveau du droit français, avec la loi du 31 décembre 1970, on peut se poser la question de savoir si les salles de consommation pourraient tomber sous l'article 222-37 alinéa 2 du Code pénal qui punit le fait de faciliter, par quelque moyen que ce soit, l'usage illicite de stupéfiants.
Toute la question est alors de définir si les interventions de réduction des risques facilitent l'usage. Et nous savons bien que non.

La loi de 2005 qui cadre les missions de réduction des risques, qui explique ce qui est autorisé de faire ou pas en matière de réduction des risques, prouve que, notamment, mettre à disposition des seringues n'incite pas à l'usage. Les rapports scientifiques démontrent même le contraire.
La loi de santé publique de 2004 a donné un cadre légal à la réduction des risques et le référentiel qui a été validé par décret en 2005 approuve le référentiel national des actions de réduction des risques auprès des usagers de drogue et précise les objectifs, les missions, les modalités, in fine ce qui est permis, ce qui n'est pas permis en matière de réduction des risques.
Ce décret précise également que les équipes de réduction des risques peuvent « *participer à l'expérimentation de nouveaux outils de réduction des risques* », d'où, l'expérimentation de salles de consommation à moindre risque.

Que disent les experts du droit, les juristes ?
Un séminaire a eu lieu en 2010, organisé par l'association « *Élus, Santé, Territoires* », qui a fait une étude sur plein

de choses, qui sont allés visiter des salles de consommation notamment en Espagne, qui ont interviewé pas mal d'experts sur le domaine, je vais reprendre la déclaration de Francis Caballero que l'on citait ce matin :
« À titre expérimental, on pouvait concevoir que par dérogation, dans ce type de centre, on n'appliquerait pas les lois pénales, à condition d'être agréé par le Ministère de la Santé. (...) En conclusion, ce n'est pas légal, mais dans le cadre de la politique de RDR, avec la loi, le décret et la lettre de la ministre du 9 novembre 2006 relative aux hépatites B et C, on peut, par dérogation, à titre expérimental, autoriser ce genre de structure ».
Comme ça a été fait, il y a plus de 20 ans avec les programmes d'échanges de seringues. Ces programmes n'ont pas demandé de modification de la loi du 31 décembre 1970 et l'ouverture des salles de consommation pourra être juste réglée par décret et c'est ce qui est préparé, aujourd'hui, par la ministre de la santé.

Il faut savoir qu'au-delà de tous les débats, il y a, aujourd'hui une expérimentation qui existe, de salle de consommation individuelle. Selon le programme AERLI qui est mené par les associations AIDES et Médecins du Monde avec l'ANRS au niveau scientifique et l'INSERM, ce sont des programmes d'accompagnement et d'éducation à l'injection.
Les usagers de drogue viennent, individuellement injecter comme il serait fait dans des salles de consommation.
Aujourd'hui, c'est déjà existant, depuis un an. Le débat, je vais reprendre un terme qui a été nommé, il y a 2, 3 jours lors un débat intéressant où l'on parlait salle de consommation, le débat hypocrite, on est vraiment dans un débat hypocrite puisqu'aujourd'hui on le fait déjà.

Il y a un juriste qui est Yann Bisiou, qui est maître de conférences à l'université de Montpellier, qui avait été aussi auditionné lors de ces entretiens, qui dit également la même chose : « *On a un cadre suffisamment souple pour pouvoir commencer à travailler à condition qu'au niveau local et au niveau des conventions d'objectifs départementales, il y ait un accord et un consensus entre préfets, Procureurs de la République et collectivités territoriales* ».
C'est exactement ce qui s'est passé à la mise en place des programmes d'échanges de seringues où, à chaque fois, ça a été négocié localement avant que les décrets autorisent les associations à faire des échanges de seringues.
Donc, aujourd'hui, que ce soit au niveau du droit international ou du droit français, rien n'empêche l'ouverture de ces structures.

Discussion

Rachid Saïmi :*

D'un point de vue sanitaire c'est certain que nous arrivons à une réduction des risques et depuis longtemps nous le savons.

En ce qui concerne les drogues qui s'injectent, je suis tout à fait d'accord personnellement, mais je le suis beaucoup moins pour les drogues qui dégagent des fumées.

Évidemment vous avez parlé de salles uniques et non pas de salles communes. Donc, on peut supposer que le tabagisme passif, parce que à partir du moment où l'on utilise le cannabis, sauf au Maroc où on utilise les pipes spéciales, le cannabis en Europe s'utilise mélangé avec du tabac.

Est-ce que vous me contredisez ou non ?

Bernard Bertrand :

Juste par rapport à la consommation passive, nous sommes passés, il y a 20 ans où nous parlions de salles d'injections, parce que la problématique était de limiter les contaminations par le VIH et c'était l'injection qui était vraiment prioritaire, aujourd'hui, nous parlons de salles de consommation notamment sur Paris. Lorsque nous avons lancé le débat, il y a cinq ans, c'était par rapport aux crackers qui sont une vraie problématique sur Paris. Il faut savoir que la plupart des structures dans le monde qui existent, il y en a 94, ce sont des salles de consommation majoritairement avec des pièces bien spécifiques. Pour les fumeurs, il y a une pièce avec tout ce que cela engendre, aspirateur de fumée, etc.

Michel Koutouzis :

---

* *Membre de "Généralistes et Toxicomanie, Nouvelles pratiques en médecine générale".*

Deux petites remarques avant de continuer, la première, c'est qu'en ce qui concerne le cadre légal, le problème n'est pas vraiment l'OICS, étant donné qu'il a deux rôles à jouer. Il a deux casquettes, deux obligations. La première est d'émettre chaque année la liste des produits interdits à des degrés divers, 1,2,3,4 ou A,B,C,D, dans laquelle ils enlèvent ou ajoutent des produits. C'est un travail complètement bureaucratique et qui est aussi le résultat d'une série de pressions par rapport à certains pays et certains produits. La deuxième, c'est de contrôler la production légale des drogues classiques. Quelle est la production en Inde, combien d'hectares, les certifications, pour que ça aille dans les usines, etc.

Il n'est pas tellement responsable du cadre légal des politiques nationales ou internationales sur le phénomène et c'est l'UNODC et plus particulièrement son assemblée générale qui a lieu une fois par an.

C'est là que les rapports de forces se jouent et que les pays créent des alliances ou les refusent ou acceptent par rapport à certaines règles et c'est là aussi que l'on décide une série de conventions, on décide d'introduire plus ou moins la notion drogue par rapport au crime organisé, au blanchiment d'argent, etc., et l'obligation des états de se soumettre à une série de conventions internationales concernant la lutte contre le trafic.

En ce qui concerne la possession et l'usage, plus toute la politique concernant la prévention, ils ont des avis, des va-et-vient politiques, ça dépend de la position des uns et des autres, ils n'ont pas une position statique, mais en tout cas ils n'ont pas leur mot à dire non plus.

C'est-à-dire qu'aujourd'hui, il n'y a rien d'illégal, dans la politique suisse, dans la politique hollandaise, dans la politique anglaise et n'oublions pas qu'en Angleterre, le seul produit prohibé jusqu'aux années 2000 était l'opium. Ils n'ont pas de mot à dire sur la politique menée en Italie

ou en Espagne, par rapport à leur consommation à ciel ouvert, en lieu fermé. Ce sont les problèmes des États, comme c'est aussi un problème des États de définir quelles sont les pratiques expérimentales pour mener une politique contre l'utilisation des drogues.
L'excuse donnée par les États que nous sommes dans un cadre légal international de conventions, c'est trop généraliste. Si nous voyons cela de plus près, nous voyons que toute une série de choses est possible et ce sont les États qui, d'une certaine manière, se cachent derrière les conventions pour dire : « *ça, ce n'est pas possible, car nous sommes aux Nations Unies* ».
En plus, les États ont tout à fait leurs rôles à jouer pour créer des majorités et des minorités par rapport à un sujet quelconque. Donc, le sujet est clos là-dessus, il ne faut pas revenir sur le sujet.

Bernard Bertrand :
Il est clos oui et non, car c'est un débat, des arguments qui ressortent. Nous nous sommes intéressés à ce sujet-là, nous avons dû trouver des arguments, ce que vous dites on le sait, mais il a fallu que nous répondions et c'est pour cela que nous sommes allés chercher, voir, comment fonctionnaient ces entités…

Serge Karsenty :
Ça ne vous concernait pas, vous, ça concernait la manière dont les États fonctionnent. En ce qui concerne les salles de consommations quelconques, je ne veux pas être spécifique, dire c'est du shoot…
Il faut bien comprendre que la réalité des drogues dans le monde est très différente. Je vous dirais par exemple en Chine ou au Pakistan, si un lieu de contrôle de la consommation avec une logique de prévention existe, elle doit se fixer sur des problèmes de « chasser le dragon » ou

fumer de l'héroïne, ce n'est pas systématiquement lié au shoot.
Donc, dire : « *Il y a les drogues que l'on shoote et les autres que l'on fume* », tout dépend des pays et tout dépend des pratiques des uns et des autres. N'oublions pas qu'en Hollande, où il y a très peu d'overdose, il y a toujours eu peu d'overdoses à travers l'histoire parce que l'héroïne était fumée.

*Jean-Pierre Jacques** :
Votre intervention intéressante mérite un petit commentaire de clinicien et de vétéran de la clinique dans les domaines des addictions. Quand nous intervenons dans le domaine des addictions, nous avons deux types de clientèles, deux types de patients. D'une part les patients usuels, les usagers de drogues et d'autre part les hommes et les femmes politiques, les élus, les responsables administratifs qui sont des gens extrêmement inquiets, qui sont dans leurs petits souliers dès que l'on parle de drogues, de salle de consommation à moindre risque, de réduction des risques.
Il faut les rassurer, il faut aller vers eux avec la même bienveillance que l'on va vers les usagers de drogues classiques, ceux qui shootent.
Les autres, ils se shootent à l'angoisse et nous devons les apaiser. Il ne faut pas y aller bille en tête, agressivement, de façon militante et acharnée, il faut les prendre comme des gens préoccupés et qui ont besoin que nous leur fournissions un système de compréhension qui leur permette d'adopter nos vues plutôt que de nous affronter à eux.
Je ne sais pas si cela vous parle, mais il faut être clinicien avec eux aussi.

---

* *Psychiatre, psychanalyste, Bruxelles.*

Bernard Bertrand :
C'est le travail que nous menons depuis 2009 puisque, comme aujourd'hui, on nous fait croire que ce sont des députés qui peuvent ouvrir des salles de consommation. Je vais juste rappeler que ce ne sont pas les députés qui veulent ouvrir des salles de consommation, ce sont les acteurs de terrain qui veulent ouvrir ces salles. Les députés ont repris le débat en main, car nous avons fait un travail auprès d'eux depuis 4 ans et c'est un travail que nous continuons à faire avec eux.
C'est un travail sur les deux projets existants qui sont finis aujourd'hui à Paris et à Marseille. C'est un travail que nous avons fait avec les élus locaux.
Si aujourd'hui, les élus locaux dans beaucoup de villes soutiennent ce projet, c'est parce que nous avons fait ce travail auprès d'eux. Il y a la partie médiatique où les politiciens sont devant et on nous fait croire que ce sont eux qui veulent ouvrir les salles de consommation et il y a tout le travail des associations derrière qui est fait quotidiennement.

Jean Périn[*] :
Cet usage, en groupe, très intéressant, nous ramène au XIXe siècle et au début du XXème où précisément, c'était surtout l'opium des bourgeois, des gens chics, des artistes, des médecins qui pouvaient se procurer les toxiques et qui, donc, consommaient ainsi.
C'était un plaisir récréatif partagé. Or, la loi de 1916 a interdit précisément ce genre de pratique à la suite du suicide d'un lieutenant de vaisseau, ça a ému les pouvoirs publics donc la loi a interdit cette pratique.
Il y a comme un retour à d'anciennes pratiques et l'histoire de notre législation est très intéressante. Vous savez que

---

[*] *Juriste, psychanalyste, Paris*

c'est Louis XVI qui, en réglementant l'épicerie et les drogueries, a commencé à réglementer le transport de la drogue. Il disait qu'il fallait faire très attention, car il y avait des gens qui transportaient des substances qu'ils ne connaissaient pas. Il fallait donc se mettre à étudier ces substances.

Ensuite, vous avez la loi de Germinal. Puis la loi de 1845 et celle de 1916 qui va interdire cet usage collectif. Or, il est bien évident que le drogué, ce qui l'intéresse, c'est d'avoir un co-drogué avec lui, évidemment, de partager quelque chose.

La loi de 1916 n'interdisait pas l'usage privé et la loi du 31 décembre 1970, vous en avez parlé, je n'y reviens pas.

Quel est le signifiant maître de toutes ces lois ?

Car au fond, étudier la législation, je m'y emploie beaucoup, comme psychanalyste d'ailleurs, il y a une histoire et un signifiant qui animent ces lois, on appelle cela le vœu du législateur, je veux bien.

Mais c'est essentiellement une affaire de langue et le signifiant important est l'empoisonnement. C'est quand même extraordinaire.

Dès Louis XVI et toutes les lois qui ont suivi, y compris celle de Germinal, il est question de lutter contre l'empoisonnement. C'est un signifiant qui, aussi, inspire la loi de 1970.

C'est très important de faire l'histoire d'une législation. Surtout celle-là, la drogue.

Rachid Saïmi :

Je voudrais revenir sur un point, vous avez parlé à propos des journalistes, qu'ils préféraient parler de salle de shoot plutôt que salle de consommation et vous ayez dit que ça ne rentrait pas dans leur cadrage.

Bernard Bertrand :
C'est l'explication que notamment « Le Monde » nous a donnée.

Rachid Saïmi :
Je suis persuadé que les journalistes utilisent sciemment le terme de salle de shoot, parce que c'est un terme qui attire non seulement les auditeurs, mais les téléspectateurs et ça frappe beaucoup plus l'esprit que de dire salle de consommation.
Le terme de consommation est galvaudé tandis que tout ce qui concerne les drogues, c'est quelque chose de spécifique et je pense qu'il faut retenir ce point comme un point important et qui doit traduire, probablement, ce que pense la population générale.
D'autre part, je voulais parler de quelque chose d'important, ces salles de consommation vont nécessairement être animées, je ne veux pas dire surveillées parce qu'un médecin ou quelqu'un du corps sanitaire n'est pas un policier, vont être forcément animées par un médecin ou un infirmier ou tout ce que vous voulez, mais quelqu'un du corps médical.
Alors, en tant que médecin se pose pour moi la clause de conscience.
Quel est le médecin qui acceptera de s'impliquer dans ce système ?
Cela me rappelle un petit peu le moment de l'adoption de la loi de Simone Veil concernant les avortements. On avait émis la notion de clause de conscience. N'y allaient que les médecins qui estimaient que ça correspondait à leur philosophie de vie.
Alors, moi, en tant que médecin, je ne serais pas contre que d'autres confrères s'occupent de cela, mais je mettrais en avant ma clause de conscience.

Pascale Lancel :
Cela rejoint un petit peu une question que je voulais poser parce que j'entends que l'OICS comprend trois professionnels de soins seulement, les missions sont celles qui ont été citées, de lister les produits interdits, de contrôler la production et de soumettre les Etats à une obligation de lutte contre le trafic. Mais qu'en est-il de la position du droit français ?

Bernard Bertrand :
Il n'y a pas d'obligation que ce soit quelqu'un du secteur médical qui supervise, (puisque l'on parle de supervision), la consommation.
Si nous prenons l'expérience de tous les pays qui le font, ça peut être des travailleurs sociaux qui sont formés spécifiquement pour intervenir dans ce genre de structures comme c'est fait aujourd'hui pour les équipes de rues, quand ils interviennent dans des lieux de squats où les usagers injectent, où l'on fait déjà ce travail-là. Ce n'est pas obligatoirement quelqu'un du secteur médical, il faut savoir que dans les CARUD, les structures de première ligne, il y a très peu d'intervenants, même infirmières. C'est hyper compliqué financièrement d'obtenir une infirmière même dans ces structures, un médecin encore plus, ceux qui en ont un, c'est très exceptionnel. Il y a de grandes chances que cela se fasse avec des équipes en place. Nous savons que sur Paris, il faudra une structure spécifique de consommation par rapport aux besoins, mais il y a un groupe de travail qui est en train de réfléchir sur un protocole pour la mise en place de ces salles de consommation dans des CARUD ou des CSAPA, et il n'y a pas d'obligation que ce soit quelqu'un du médical.
Après, comme dans n'importe quelle structure, chacun est libre de pouvoir y participer ou pas. Moi, j'ai travaillé dans un CARUD avec une infirmière qui défendait

l'ouverture des salles de consommation, mais qui m'a toujours dit : « *Je ne pourrai pas superviser, être présente quand les personnes font ça* ».

Serge Karsenty :
À ma connaissance, dans ce qui est prévu qu'il se pratique quand il y aura une libéralisation, si on peut dire, du projet, les consommateurs viennent avec leur propre matériel à consommer.
Est-ce que le testing du matériel qui va être consommé à l'intérieur de la salle, vous l'envisagez comme une obligation morale vis-à-vis des consommateurs ?
Est-ce qu'il est pensable qu'un jour, au lieu de venir avec le matériel acheté sur le marché parallèle, on trouve le matériel sur place ?

Bernard Bertrand :
Là, on va plus loin. On est sur deux domaines différents, qui existent, les traitements médicalisés, notamment l'héroïne médicalisée. Pour moi, on est sur deux niveaux d'interventions différents. D'un côté les traitements de substitution et les interventions en France, notamment les CARUD qui sont en première ligne par rapport à une population qui n'est pas encore prête à rentrer dans ce cheminement-là de soin. Ces outils sont là pour toucher cette population. On s'aperçoit qu'il y a une grande population, notamment chez les crackers, qui est une population complètement en dehors du système de soins. L'idée est d'aller au-devant et de toucher ces populations-là. Donc, pour moi, nous sommes sur deux niveaux différents.
Après, oui, les acteurs de réduction des risques, on se bat pour une palette de substitution beaucoup plus large, notamment l'héroïne médicalisée. Ce matin, on parlait de cannabis, on n'a pas dit le mot, mais thérapeutique.

Après, sur le testing, cela demandera un changement du cadre légal puisque dans le référentiel CARUD, il y a ce qui est écrit, qui est légal et ce qui n'est pas légal. Le testing est illégal en France. Quand le référentiel a été mis en place, il y avait le testing rapide qui était fait par les structures, qui était un outil très intéressant, qui est devenu illégal à la mise en place de la loi de 2005.
Donc, ça demandera un changement de ce statut-là.
Après, nous pourrons faire du testing comme certaines structures font, qui n'est pas du testing rapide, mais qui demande un certain temps d'analyse.
À Genève, ils le font, pas tous les jours, mais régulièrement ils analysent les produits qui circulent. Après, pour répondre à la question des personnes qui viennent avec leur produit, est-ce que ça me pose un problème ?
Non, aujourd'hui les gens viennent dans les CARUD, ils ont le produit avec eux aussi.
C'est un peu se voiler la face de faire comme si on ne le savait pas. Les gens qui viennent chercher des seringues ont souvent le produit avec eux, voire, vont consommer dans nos douches, nos toilettes.

X :
Je suis psychologue, je rencontre certaines personnes qui consomment de l'héroïne et je me demande ce que l'on fait de ce besoin de se mettre parfois en danger, d'être hors cadre, de ne pas être dans un milieu aseptisé où je vais consommer mon produit. Tout ce côté hors cadre, marginal est évacué. C'est ma réflexion par rapport à ça.

Bernard Bertrand :
En fait, à aucun moment on a dit que l'ouverture de salle de consommation était la solution miracle de tout cela. C'est un outil supplémentaire dans notre palette, que nous

avons en France. Ce ne sont pas les salles de consommation qui vont tout régler.
C'est juste un outil supplémentaire qui va répondre à un besoin par rapport à une population spécifique.
On ne touchera peut-être pas tous les usagers, mais ça demande un travail aux équipes de retourner, à un moment donné, sur le terrain, d'aller à la rencontre, car on s'aperçoit que la population change, les pratiques changent et nous nous sommes un peu reposés sur nos acquis au niveau des équipes, même de proximité.
Nous avons abandonné le travail de terrain, d'aller dans les squats, etc. Ça existe encore, mais c'est de moins en moins fait par rapport à il y a encore 15 ans. Il y a tout un travail à reconstruire auprès des usagers.
Je ne dis pas que nous allons toucher tous les usagers, il y en a toujours qui resteront en marge et qui refuseront de rentrer dans ces structures.
Après, nous ne savons pas comment les protocoles au niveau de l'État seront acceptés, le cadrage, mais quand nous allons en Suisse, nous voyons des gens en costard cravate, qui sortent de leur bureau et qui vont s'injecter dans la salle de consommation. Même si ce n'est pas le projet initial, je ne sais pas les choix qui vont être faits entre ce que veulent les négociateurs et ce que le gouvernement autorisera dans l'expérimentation. Mais l'idée au départ est quand même de toucher un public qui, aujourd'hui, n'est plus touché.

Rachid Saïmi :
C'est bien, la politique d'éviter les risques, mais dans la lutte globale en France et puis mondiale finalement, est-ce que ce que vous préconisez va faire avancer le schmilblick de la lutte contre la drogue étant donné tout ce que l'on a entendu ce matin, particulièrement par Monsieur Koutouzis ? Dans le sens où on va régler ce problème,

mais il y aura probablement d'autres problèmes beaucoup plus importants qui seront inventés par les trafiquants de drogue.

Bernard Bertrand :
Chacun doit rester dans son domaine. Je ne suis pas policier, je ne suis pas juge, pas législateur, j'interviens en matière de santé, de sanitaire, la protection des personnes. Ma lutte est de ce côté-là.
La lutte contre la toxicomanie, même si nous y participons dans notre travail, car c'est une politique globale, même si nos états ont tendance à l'oublier, nous y participons, mais je pense que chacun a son travail et moi, je ne suis pas là pour lutter contre la toxicomanie, ce n'est pas ma mission.

Daniel Commans :*
Je voulais rebondir un peu sur ce que vous venez de dire. Il y a des mots comme la lutte contre la drogue, la réduction des risques. Il y a ce que nous appelons plutôt la réduction des risques, mais ce serait plus réduction des effets néfastes. Et chacun à sa place, que ce soit au niveau des CARUD, que ce soit au niveau des salles de consommation qui permettent d'avoir une meilleure hygiène et cette lutte contre la drogue, c'est aussi la lutte contre les trafiquants. Tout le monde agit à son niveau. Le mieux est de ne pas se droguer, si on se drogue de ne pas se piquer, si on se pique c'est d'avoir une seringue propre, etc.
Les salles de consommation ont toutes leur place dans ce domaine.
Je comprends que l'on ne soit pas forcément à pousser les gens à les utiliser, mais nous leur proposons des moyens

---

* *Membre de "Généralistes et toxicomanie, Nouvelles pratiques en médecine générale".*

d'utiliser leur souffrance qui est calmée par leur produit, d'une manière noble, humaine.

Serge Karsenty :
Je me demande quand même si derrière la question du docteur Saïmi, il n'y a pas le raisonnement selon lequel, si on réduit les risques pour les toxicomanes, est-ce que ça ne va pas les encourager à consommer davantage.
Alors, c'est une question à laquelle Badinter a essayé de répondre le jour où il a fait voter l'abolition de la peine de mort, à ceux qui disaient qu'avec la peine de mort en moins, il y aurait plus de crimes.
Il faut avoir des arguments scientifiques à avancer pour pouvoir faire un lien entre réduction des risques et augmentation de la consommation. Je sais bien que c'est une idée qui peut traverser l'esprit, qui est tout à fait honorable, qui n'est pas du tout politiquement incorrecte.

Bernard Bertrand :
Là-dessus, nous avons des données. Si nous prenons l'exemple de l'échange de seringues, ce qui est le plus marquant au niveau de la gestion des risques, on a beaucoup moins d'injecteurs aujourd'hui qu'il y a 20 ans. Ça montre bien que l'on n'a pas incité à l'injection en mettant les seringues sur le marché libre. Après on peut voir la politique de la Hollande, qui est beaucoup moins répressive que chez nous, où chez les jeunes, il y a beaucoup moins de consommateurs qu'en France qui est l'un des pays européen des plus répressifs aussi.
Il y a des études qui démontrent aujourd'hui que la réduction des risques n'incite pas à la consommation de drogue.

Rachid Saïmi :
Qu'en est-il des poly-consommations ?
Car maintenant, il est courant de voir des consommateurs qui ne se contentent pas d'un seul produit. Qu'est-ce que vous répondez à cela ?

Bernard Bertrand :
Une, que ce n'est pas que quelques-uns, aujourd'hui c'est presque la majorité.
Je connais très peu d'usagers qui sont simples consommateurs d'un seul produit, peut-être du cannabis et encore, il y a l'alcool avec.
Il faut arrêter de croire, c'est pour cela que le terme de salle de shoot caricature vraiment l'image que l'on peut en avoir, ça me fait penser aux squats qui existent aujourd'hui, où les gens injectent dans des situations catastrophiques, etc.
Salle de consommation, c'est quelque chose qui est très cadré, avec des protocoles très carrés. Si vous avez la possibilité d'aller visiter des structures, j'ai eu la chance d'en visiter dans 5 ou 6 pays, c'est très professionnel. Chacun a sa place, les protocoles sont très respectés. Notamment sur les consommations, il y a un entretien fait à chaque fois qu'une personne vient, demande à rentrer dans la salle de consommation. Ils vont lui demander le produit qu'il va consommer, ils vont voir si la personne est alcoolisée ou pas. Si la personne revient plusieurs fois alcoolisée, ils vont à un moment lui dire : « *Non, tu ne rentres pas* », même s'ils prennent le risque que la personne aille consommer dehors, mais on ne va pas sauver le monde non plus.
C'est très carré, il faut arrêter de croire que c'est une salle où les mecs viennent shooter comme ils veulent, faire la même chose qu'ils font dehors. On parle de supervision, ce n'est pas pour rien.

Même au niveau des équipes, je prends l'exemple de Genève, car c'est celle qui se rapproche un peu plus de l'idée que nous en avons. Même l'équipe qui supervise, ne reste qu'une heure dans la salle pour superviser. Il y a un turn-over, toutes les heures l'équipe change. Il faut voir au niveau des interventions des overdoses, ce qui est un point important sur le fait de sauver des vies ; il faut savoir qu'en 5 ans, il n'y a eu aucun décès par overdose dans ces structures-là. Ce n'est pas rien.
Il y a des overdoses, si on prend Genève, il y a 2 à 3 overdoses par semaine, mais aucune personne n'est décédée dans ces structures-là. Toutes les équipes sont formées, ont leur place, leurs protocoles sont très carrés. J'ai participé à 2, 3 interventions sur des overdoses, c'est impressionnant. Aucune panique, chacun sait ce qu'il a à faire. Les usagers sont évacués de la structure, il y a un débriefing après, c'est quelque chose de sérieux. C'est pour cela que le terme salle de shoot est très réducteur.

Serge Karsenty :
Je me demande quand même si ces salles de consommation n'obligent pas à modifier considérablement la législation. C'est-à-dire qu'il y a la loi de 1970, très bien, il y a aussi le décret Bertrand qui interdit la fume dans l'espace public. Il s'agit d'ouvrir une salle de consommation où l'on est susceptible de fumer, pas seulement de se piquer, d'où la remarque du docteur Saïmi tout à l'heure.
Je me demande, sur le plan pratique, comment on peut ouvrir une salle de consommation malgré le décret Bertrand et si cette salle va être ou elles sont, puisqu'il en existe déjà semble-t-il, à l'image de ce que nous voyons à l'étranger, notamment, une succession d'alvéoles où les consommateurs viennent librement se piquer ou fumer, pratiquer leur consommation favorite.

Bernard Bertrand :
Pour revenir sur le décret Bertrand concernant la fume dans les lieux publics, il faut savoir qu'il y a quand même des dérogations dans les structures où l'on reçoit une population, notamment dans les CHRS, dans les lieux d'accueil, du moment où nous répondons à des normes avec une pièce fermée, ça coûte hyper cher, mais on peut le faire.
Les autres pays, qui n'ont pas les mêmes lois que nous, ils ont un espace spécifique pour les fumeurs, qui est avec des grosses aérations pour éviter que les fumées ne sortent. Il faut savoir que le tabac est interdit, c'est un lieu semi-public, à l'époque où j'y étais, c'est au moment où ils ont fait la passation donc ils l'ont fait par étapes, au départ c'était deux jours sans fumer dans le lieu d'accueil, puis ils l'ont interdit totalement. Fumer la cigarette dans l'espace d'accueil est interdit.
Après, par rapport aux lieux de consommation notamment pour les gens qui fument le dragon ou le crack, en France, c'est possible puisqu'on peut le faire dans des structures, dans les foyers d'hébergement du moment où il y a une pièce qui respecte le cadre légal.
Comme dans les aéroports, etc., il peut y avoir un espace fumeur.

Addiction, révolte et soumission

Jean-Pierre Jacques[*]

Pourquoi parler de révolte dans la question clinique de l'addiction ?

Vous est-il déjà arrivé de rencontrer ce paradoxe : ce sont, bien souvent, des adolescents révoltés, frondeurs, indisciplinés qui grossiront quelques années plus tard les rangs des cohortes de sujets dépendants aux drogues, autrement dit, soumis à la dictature biologique de l'addiction ? C'est une observation que je ne cesse de faire après plus de 33 ans de pratique.

Nous avons donc deux énoncés en présence : le premier, qui affirme que les futurs addicts se présentent très souvent sous la catégorie du rebelle à l'adolescence ; le deuxième, qui prétend que l'addiction est une soumission. Je vais m'efforcer de valider ces deux énoncés, puis de les articuler autour d'une phrase assez simple, comment la révolte prépare-t-elle le terrain à la servitude ?

La question de la révolte pour commencer.

Je ne peux plus inventorier les innombrables cas cliniques à l'appui du premier énoncé. On observe généralement, dans l'anamnèse d'un grand nombre de ces sujets, des phénomènes que l'on peut ranger sous l'étiquette de la révolte.

Le terme, ou ses synonymes, est d'ailleurs très souvent employé par les parents en entretien, ou a servi à des directeurs d'établissement scolaire ou d'autres institutions pour étayer une mesure disciplinaire, d'exclusion.

---

[*] *Psychiatre, psychanalyste, Bruxelles*

Les adultes, en particulier les parents, les enseignants et les psys du monde scolaire prétendent rencontrer de plus en plus souvent, si ce n'est de plus en plus précocement, des adolescents en rupture, en détresse, en révolte.
Dans la plupart des cas, l'enfant plein d'innocence cède brusquement la place à un adolescent frondeur, tapageur, qui se drogue, se mutile, s'affame, fait naufrage dans les univers virtuels, se rebelle ou agresse.
Comment le réveil pulsionnel de l'adolescence conduit-il à ces manifestations ? Comment comprendre qu'elles paraissent plus flagrantes que dans le passé et qu'elles surgissent davantage à l'école ? Cet adolescent en révolte, vous le reconnaissez à sa revendication précoce d'autonomie, à son insoumission à l'égard des autorités parentales et scolaires. La relation auparavant affectueuse, en famille, ou pédagogique, vire à l'affrontement, au rapport de forces. L'autorité des adultes à laquelle il pouvait sembler docile auparavant, lui est désormais intolérable ou bien, il la dénonce comme illégitime.

Il me faut rappeler ici que la révolte, ce n'est pas un conflit intrapsychique. La révolte, c'est une situation de conflit du sujet avec ses partenaires parentaux et les autorités scolaires, avec ce qu'il faut bien appeler des objets imaginaires. Or nous, les intervenants psys, nous sommes infiniment mieux préparés à écouter le sujet en conflit avec une part de lui-même, qu'à rencontrer le sujet en conflit avec l'autre.
Les sujets dont j'entreprends de vous parler ne sont pas particulièrement en proie au doute, ni enclins à se reconnaître dans un malaise.
Ils se présentent à nous sous les espèces de l'opposition systématique, de l'hostilité, de la victimisation, de la récusation de nos raisons, du refus de notre tutelle ou encore du passage à l'acte à répétition.

D'ailleurs il est fréquent que ces conduites perturbatrices ne soient considérées que sous l'angle autoritaire, avec l'idée qu'il n'y a rien à y faire entendre, et qu'elles ne relèvent que de la sanction, disciplinaire pour les plus jeunes, judiciaire pour les autres. Sans plus.
Il s'agit de montrer à ce petit vaurien, à cette petite canaille, à cette racaille, que l'autorité réside entre les mains des adultes, des professionnels ou des institutions. Sous-entendu, on va lui montrer qui est le plus fort. Dans son intérêt, pour son bien, comme on dit si volontiers.
A delà de cette lecture disciplinaire qui prévaut dans le monde scolaire et dans le monde des institutions qui rencontrent des adolescents, peut-on néanmoins rapatrier ces sujets dans notre champ de compétence et d'intervention ?
Je postule que oui, parfois. Parce que les formes contemporaines de la révolte sont des symptômes et qu'elles gagnent à être interprétées comme tel. Elles gagnent à faire l'objet de notre écoute, non moins que les malaises et autres difficultés plus spontanément verbalisées. Parce que l'adolescence est un moment fécond pour les percées du sens, avant que le symptôme ne s'incruste, ne s'organise durablement, irrémédiablement souvent.

Dans le catalogue des manifestations concrètes de la révolte, on retrouvera : des actes d'insubordination familiale, parfois de violence, des choix vestimentaires délibérément choquants, des épisodes de fugue, des changements d'écoles à répétition, souvent motivés, en surface, par des problèmes de discipline, de non-respect de l'autorité.
On trouve aussi parfois des placements en institution pour cause de délinquance. La série qui se construit ainsi est du côté des pathologies de l'acte, même si certains auteurs y

adjoindront des aspects plus symboliques, comme un vocabulaire outrancier, des postures politiques ou philosophiques en rupture. Mais ces éléments-ci, qui appartiennent à l'ordre du discours et non plus à celui de l'acte, me semblent hétérogènes à la série construite et amènent la question suivante.

Pour introduire celle-ci, rappelons que depuis Anna Freud, la vulgate psy considère la révolte à l'adolescence comme un passage obligé. On entend volontiers des psys proférer par exemple qu'il faut s'inquiéter pour un adolescent qui n'a pas fait sa crise d'adolescence. Pourtant, la coutume a longtemps prévalu de rassurer les parents inquiets à la découverte de joints dans la chambre de leur ado. J'ai entendu trop souvent des phrases comme celle-ci : « *cette transgression inoffensive, c'est une étape quasi nécessaire dans le chemin vers l'autonomie de ces jeunes* ».

Dans un ouvrage déjà ancien, Isabelle Stengers avait fait un sort à cette assertion fantaisiste. Un clinicien français, Lionel Gibier avait expliqué l'addiction par la transgression où rabattre l'une sur l'autre est une erreur complète, il avait méthodiquement démantelé cette réduction.

Qu'est-ce qui alors distinguerait la crise d'adolescence, saine et vigoureuse, promesse d'émancipation et d'individuation robuste, de la révolte adolescente qui va aboutir à la mise en place d'un destin addicté ? Peut-on les distinguer ? Est-ce la phénoménologie qui peut nous orienter, sa gravité, son insistance dans ce qui se donne à voir ?

Au passage, je me permets quoique étranger et invité dans votre beau pays, je me permets de m'étonner de la valorisation de la révolte, du moins dans la culture de langue française. Il n'est pas certain que toutes les cultures

s'arriment à ce signifiant. Il suffit de mentionner le calendrier français qui met à l'honneur une révolte populaire, la prise de la Bastille, pour la consacrer en fête nationale. Déjà pour les penseurs des Lumières, à commencer par Spinoza et Descartes, la démarche philosophique et scientifique trouve son élan dans une mise en doute méthodique de l'argument d'autorité. Ensuite, depuis les romantiques, puis les surréalistes, depuis mai 68 et le mouvement hippie, la révolte est 'in' et la soumission est 'out'. Du moins dans le discours courant des intellectuels qui forment généralement les professionnels de l'éducation et de la santé mentale. Une caution universitaire leur est fournie par un professeur en Sorbonne, Alain Renaut, sous le titre éloquent : La Fin de l'autorité. Dans un ouvrage* que j'ai publié récemment avec Philippe van Meerbeeck, nous avons fait un commentaire auquel je vous renvoie.
Cette crise de l'autorité frappe les adolescents davantage encore que les enfants. Les enfants jouissent de cette propriété découverte par Freud et que l'on appelle la période de latence ; ce temps béni les laisse en paix dans leurs relations avec les adultes et leur permet de se consacrer à l'amour du savoir, sagement assis pour la plupart sur leurs petits bancs. Pourvu toutefois que les adultes autour d'eux ne se fassent pas la guerre – guerre civile en Afrique ou guerre domestique des parents en divorce haineux chez nous.
Plus rien de tel lorsque survient la crise pubertaire. Soudain, la demande de sécurité affectueuse qui caractérise l'enfant cède le pas à une métamorphose inouïe. Sous les effets des décharges hormonales, de la croissance et des transformations corporelles, du réveil pulsionnel et des exigences libidinales irrépressibles, l'ado

* *"L'inentendu. Ce qui se joue dans la relation soignant-soigné", De Boeck, 2009.*

en devenir se sent la proie d'un bouleversement identitaire ahurissant. Il perd brutalement l'innocence supposée de l'enfant. Je dis innocence supposée, parce que nous savons depuis un siècle combien l'enfant n'est pas cet angelot de Chapelle Sixtine, mais un être déjà pétri de désirs, de pulsions et d'angoisse. Ce que Freud appela le petit pervers polymorphe, dont la sexualité infantile n'a rien de débonnaire. Mais nous feignons généralement d'ignorer ou de minimiser cela chez nos chères têtes blondes. Avec l'adolescent, plus moyen de se dissimuler le réel pulsionnel, qui est franc et massif.
À l'adolescence, avec le réveil pulsionnel, la sexualité devient visible. Côté séduction, ce sera : le nombril ou la raie des fesses à l'air, le maquillage outré, les strings, les effets de muscle. Ou côté jouissance, c'est la masturbation, l'expérience homosexuelle, ou, dans le registre du pire, les tournantes, les pratiques extrêmes, le *binge drinking* et les drogues… Avec l'adolescence, c'est la fin de l'innocence, la chute hors du paradis originel. Ce qui n'est pas pour rien dans le fait que beaucoup de professionnels du monde psy et de la santé mentale se consacrent plus volontiers à la petite enfance qu'aux ados.

Dans l'enseignement contemporain, pétri des idéaux démocratiques et des exigences de la méthode scientifique, on inculque la consigne des Lumières, à savoir : s'affranchir de l'argument d'autorité. C'est une nécessité de méthode.
Mais, d'autre part, on doit cultiver le respect non moins nécessaire de l'autorité des maitres et des savants. Comment concilier ces deux pôles ? Comment enseigner aux ados à la fois les contenus, qui supposent qu'ils se soumettent à l'enseignant sujet-supposé-savoir, et, dans le même moment, leur inculquer la célèbre phrase de Henri Poincarré :

« La pensée ne doit jamais se soumettre, ni à un dogme, ni à un parti, ni à une passion, ni à un intérêt, ni à une idée préconçue, ni à quoi que ce soit, si ce n'est aux faits eux-mêmes, parce que, pour elle, se soumettre, ce serait cesser d'être ».

La pensée, précisément. Penser, pour les toxicomanes, c'est un affect et un affect pénible. C'est quelque chose que j'ai entendu de façon extraordinairement récurrente. Nous y reviendrons. Concluons provisoirement ce premier temps par le constat d'une contradiction interne dans l'enseignement issu des Lumières, qui transmet tout ensemble un devoir d'assujettissement de l'élève aux savoirs qui lui sont antérieurs, et un prescrit fondamental de libre pensée, d'une pensée qui doit rester insoumise. Vous objecterez que disposer librement de sa pensée n'équivaut pas à disposer librement de ses actes. Certes, mais les adolescents, du fait même des processus en cours de maturation neuronale de leur cortex préfrontal, ont le plus grand mal à exercer un contrôle de la pensée sur l'impulsion.

Abordons le deuxième point, la question de la soumission.
L'addiction est une soumission. Je vais tâcher de valider cela.
Vous n'ignorez pas que la dépendance aux drogues est volontiers décrite en matière d'assuétude, néologisme forgé à mi-chemin entre habitude et asservissement.
Les dépendances aux drogues sont dénoncées depuis Baudelaire sous le terme d'esclavage.
Pour le neurobiologiste tout comme pour le toxico, c'est une évidence. Le sujet est sous l'empire de quelque chose qui est plus fort que lui, autrement dit, plus puissant que sa volonté. Et il redevient ordinaire de dire que le dépendant est soumis à une biologie dévoyée. Vincent Dole et Mary

Nyswander, les promoteurs de la substitution aux opiacés, avaient dès les années 60 évoqué l'analogie entre la dépendance à l'insuline du diabétique et la dépendance aux opiacés de l'héroïnomane. Au-delà de la métaphore, c'est bien cette conception biologique de la dépendance qui a justifié, d'un point de vue médical, les traitements de substitution aux opiacés : on considère que le sujet addict est soumis à des mécanismes neurobiologiques, le craving, le syndrome de sevrage, etc., qui empêchent sa volonté consciente de conserver le contrôle sur ses conduites. La perte de contrôle du sujet sur ce qu'il fait est désormais un des critères essentiels dans la nosographie psychiatrique nord-américaine pour établir le diagnostic de dépendance.

De sorte qu'entrer en addiction est faire acte de soumission, se soumettre à sa biochimie, à une biochimie qui était dès le départ mal construite - c'est l'hypothèse génétique -, ou une biologie qui a été gauchie par des consommations imprudentes de substances addictogènes. Dans un esprit freudien de la 2e topique, on pourrait dire : le sujet est soumis à la pulsion, le Ça décide en lieu et place du Moi. La clinique ajoute que le sujet est soumis non seulement à une ou des substances, mais aussi à un milieu et à des codes normatifs parfois extrêmes.
Ce dernier point est énigmatique : on voit donc un sujet qui était rétif à l'autorité parentale ou scolaire se montrer étonnamment complaisant envers des tutelles abusives, des patrons aux exigences exorbitantes, des chefs de bandes sans foi ni loi, des dealers crapuleux, etc.
Cela peut prendre la figure de ce qui s'appelait et s’appelle peut-être encore la galère. Beaucoup de sujets addicts qui consultent en institution s'annoncent pris dans des galères. Le galérien, au sens originel du mot, est par excellence le sujet révolté qu'un pouvoir arbitraire a soumis, a enchaîné. Nos galériens contemporains sont-ils ainsi captifs d'une

existence précaire et d'un monde hostile et implacable du fait des circonstances, sous l'effet de déterminismes sociaux injustes ? Ou bien peut-on envisager sans faire scandale que, pour certains du moins, cette galère leur est imposée par un choix pulsionnel, dans la continuité de la révolte qui avait éclos dès l'adolescence, par un refus catégorique des règles du monde ordinaire au profit d'un commandement bien plus puissant, de quelque chose comme un Il faut jouir ! Coûte que coûte. Et cet impératif de jouissance est bien la marque de notre époque.
À reprendre ce que disait Alain Renaut et ce qui précède, on pourrait résumer d'une petite phrase : « *la fin de l'autorité est la montée de l'addiction* ».

Maintenant, je vais tenter d'articuler les deux constats et envisageais éventuellement une causalité.
Il nous reste à articuler les deux constats. À envisager par exemple une causalité. Mais partons d'abord de son aspect paradoxal. Il y a en effet quelque chose d'étonnant dans cette séquence, dans cette discontinuité : révolte d'abord, soumission ensuite. Ce qui nous aide à trouver un repère, c'est que l'autorité dont il s'agit n'est pas la même.
Il y a d'une part, insoumission à la norme commune, à la loi ordinaire, aux semblants. Il y a d'autre part soumission à un commandement bien plus féroce et inscrit dans le corps.
L'autorité, comme tous les idéaux sociaux, se révèle ainsi dans sa nature de semblant, de ces semblants qui sont que pure convention, comme le sens des mots dans une langue ou les lois du Code pénal. Ils n'ont pas de valeur en soi, ils n'ont de valeur que convenue. Nous appelons table, ce que d'autres appellent tabula, c'est le même objet, il prend un autre sens et si vous vous amusez à compulser des dictionnaires, vous verrez que le mot table ne retrouve pas exactement les mêmes signifiés d'une langue à l'autre,

même des langues proches. Le catalan, l'italien, l'espagnol et le français n'ont pas la même découpe pour dire bois, charpente, forêt, etc. Pure convention.
La plupart d'entre nous, notamment la plupart d'entre vous, car vous êtes très dociles à écouter ; la plupart d'entre nous ont calculé et choisi de s'accommoder de ces semblants, de s'y soumettre dans une large mesure, pour s'éviter les inconvénients qu'il y a à les récuser. Et nous nous y sommes si bien soumis que nous ne nous apercevons plus leur nature de semblant, de convention. Nous finissons par y croire, par considérer l'autorité comme un fait, comme un réel, alors qu'elle n'est qu'un jeu de rôles.

En quoi réside l'autorité parentale ou enseignante pour un enfant ou un adolescent ? Elle est tout entière contenue dans l'assentiment de ce dernier à consentir aux exigences des adultes. Même à trois ans ou huit ans, si l'on en croit l'étude récente menée sous la direction de Isabelle Roskam avec les enfants réputés difficiles à l'école.
Comme le dit l'historien Jean Delumeau dans son « Histoire des Pères et de la Paternité », depuis l'abolition du droit des pères à battre leur enfant, au milieu du XIXe siècle en France, l'autorité parentale s'est faite de moins en moins réelle et plus en plus symbolique. Autrement dit, de plus en plus sujette à caution. Par contre, l'autorité que rencontre l'addict est implacable. S'il entreprend de la transgresser, c'est la souffrance absolue du syndrome de sevrage, pour l'héroïnomane ou l'alcoolique, ou la souffrance sournoise et taraudante du craving, pour les sujets addicts à la cocaïne ou au cannabis, pour le dire un peu sommairement.

Qu'est-ce qui amène alors des sujets à aller chercher cette autorité inexorable, et à ne pas se contenter, comme la plupart d'entre nous, de l'autorité un peu molle des lois humaines, avec lesquelles il y a toujours peu ou prou moyen de transiger ?

C'est ici que je voudrais vous ramener à une difficulté laissée en suspens, celle de la pensée. Pour le penseur des Lumières, pour un Spinoza par exemple, qui est magnifiquement campé par Irvin Yalom dans son roman Le problème Spinoza que je vous recommande chaudement, il dit : « *la liberté est son unique objet* ».Yalom fait dire ceci à son Spinoza : « *La raison lui dit que la liberté est le but à se fixer et son combat pour se dégager des contraintes de la superstitieuse communauté juive serait du plus haut comique s'il devait les troquer contre les chaînes auxquelles vous lient une femme et une famille. La liberté est son unique objet, la liberté de penser, d'analyser, de transcrire les idées fulgurantes qui résonnent dans son esprit* ».

Or ce dont souffre maint addict, c'est de penser. Il se plaint, si on prend le temps de l'écouter, de ces pensées qui lui gâtent l'endormissement, qui lui rendent invivables les moments à ne rien faire, intolérables les questions qui émergent spontanément ou qui sont soulevées par le psy trop curieux.

Toutes les circonstances où se manifeste la pensée lui sont déplaisantes, voire odieuses. Le produit est alors appelé à la rescousse pour estomper ce phénomène de la pensée, pour en abolir l'apparition. La pensée est ce dont il se prive le plus volontiers, avec la plus grande détermination, et la liberté de penser lui est un privilège inutile. C'est ce qui me faisait dire que pour le toxico, la pensée est un affect pénible.

On ne parle donc pas de la même liberté. Celle des Lumières est toute entière dévouée à la pensée, celle de l'addiction, tout entière dévouée à se dispenser de penser. Ou, pour modérer le caractère trop radical de mon

expression, à abolir la pensée de soi, arrimée dans l'affect, que le produit a pour mission de dissiper.
Si vous m'accordez cela, la question suivante est celle-ci : pourquoi la pensée est pour l'addicté si intolérable ?
Parce qu'elle est pour lui du côté de l'angoisse, d'une angoisse sans rien qui puisse la borner. De plus, l'addicté a appris à ses dépens qu'on ne décide pas de ses pensées. Nul n'en est maître, sauf à s'en prémunir par le recours méthodique à ces produits qui la soumettent, qui la mettent au repos. La rigueur avec laquelle l'addiction se soumet au produit n'est que la manifestation de la rigueur avec laquelle l'angoisse le tenaille, une angoisse douloureuse devrais-je dire, une angoisse de penser. Je rejoins par cette voie l'approche qu'en avait donnée autrefois Fernando Geberovitch, lorsqu'il parlait de la douleur comme phénomène essentiel dans la dépendance.
Les addicts sont à leur façon des disciples d'Épicure et comme eux, ils sont à la recherche de l'ataraxie, mais pas par les mêmes moyens : « *Pour bien vivre, il faut éliminer l'inquiétude* ». Pour les addictés, il faut s'absenter de la pensée pour se protéger de l'angoisse, par des moyens chimiques. Il nous reste à savoir pourquoi les moyens dont disposent les philosophes et peut-être les psychanalystes ne sont pas utilisés ou utilisables pour les addictés. Les philosophes respectent la consigne « *Je ne suivrai aucune autorité sur terre autre que ma conscience* », là où pour les addictés, ce sera : « *Je ne suivrai aucune autorité sur terre autre que mes pulsions* ». Ce n'est pas la même liberté, même si les habits se ressemblent. Leur différence est celle qu'il y a entre le libéral et le libertaire. Toutes deux sont insolentes à l'égard des autorités du moment et irrespectueuses des conventions, religions et du Service des Biens, comme l'appelle Lacan. Mais l'une exalte la pensée, et même l'angoisse, voire en jouit exclusivement, voyez Kierkegaard, quitte à renoncer aux réjouissances

ordinaires, mariage, sexualité, belle maison avec jardin, là où l'autre, l'addicté, vise à se désabonner de la pensée comme je l'ai dit.

En définitive, pour se soumettre pleinement à l'autorité de la pulsion, le sujet rebelle rencontre dans les drogues - ou tout ce qui en tient lieu - une autorité inflexible, quitte à s'en plaindre lorsqu'il nous fait demande d'aide. La figure d'autorité dont il se plaint, c'est son partenaire fondamental. Si les autorités humaines restent sans prise sur lui, c'est parce qu'en définitive elles ne sont que symboliques. En revanche l'autorité tyrannique de la dépendance aux drogues ou aux ivresses variées opère dans le réel.
C'est là qu'il trouve son maître s'il n'a pas trouvé au préalable un interlocuteur qui puisse, par une intervention symbolique, le dégager de la fascination qu'exerce sur lui l'autorité impitoyable et sans scrupules des drogues, du jeu, du gourou de secte ou du chef de bande skin. Cette quête d'une autorité absolue est d'autant plus impérieuse que le sujet n'a pas été apaisé au moment des tourmentes pulsionnelles par un père ou tout personnage investi d'une fonction paternelle, dans le sens pacifiant qu'elle comporte. Il s'agirait de rouvrir ici la question cruciale des structures hors Nom-du-Père et de leur lien à l'angoisse.

Nous éprouvons spontanément de la sympathie pour celui qui se révolte contre la tyrannie, contre l'autoritarisme, contre l'arbitraire. C'est Georges Bataille qui proclamait : « *Le cœur est humain dans la mesure où il se révolte* ». Mais les révoltes symptomatiques des ados dont je vous ai parlé appartiennent à un tout autre régime : c'est l'absence d'autorité ou son caractère illégitime, ringard, qui suscite la révolte d'un sujet. Non parce qu'il – lui, son moi, sa conscience – voudrait prendre la relève de cette autorité ;

mais parce qu'il est l'objet d'une autorité infiniment plus exigeante, celle de ses pulsions. Là où nous pourrions supposer que sa révolte est une revendication d'une liberté en acte, il s'agit, le plus souvent, d'une servitude aux commandements du surmoi, d'un surmoi féroce qui ordonne au sujet : Jouis. Comment rencontrer un sujet aux ordres d'un tel commandement ? Il faudra d'abord le situer dans le malaise dans la civilisation.
C'est notre responsabilité de nous offrir à ces adolescents en révolte ou en rupture pour essayer cette rencontre dans laquelle ils puissent se savoir reconnus, par-delà les extrêmes de leurs conduites. Là où la révolte gronde, il a y a un acte de civilisation à proposer, qui passe par la mise en mots au lieu du passage à l'acte.

La question des addictions et du traitement à leur réserver, en fait un abcès de fixation et un enjeu majeur du passage d'un mode de civilisation au suivant : de la civilisation moderne, fondée sur un idéal de maîtrise et de prévisibilité, d'ordre et de régulation, vers le mode de civilisation postmoderne, caractérisé par la flexibilité, la déformalisation, la servitude à l'objet marchand et l'échappement apparent à tout contrôle, formel ou informel. Les modes de vie qui sont centrés sur la consommation de substances et sur les dépendances, par exemple alimentaire, foisonnent désormais. Mes collègues du centre médical « ENADEN » à Bruxelles vont fêter leurs 30 ans et ils ont eu l'intelligence de faire remarquer, qu'il y a 30 ans, la question de l'addiction était une question strictement marginale alors qu'aujourd'hui, elle est devenue tout à fait centrale dans l'économie de la société. Ces modes de vie foisonnent désormais et ce n'est ni par hasard, ni en raison d'une faillite de la prévention, ni en raison d'un prétendu laxisme des forces de répression, pour ce qui est des drogues ou des pratiques illicites. Tous les états modernes se sont dotés au fil du XXe siècle d'arsenaux législatifs hors du commun, voire d'exception, qui pourchassent les usagers de drogues avec une férocité impensable si l'on devait la généraliser à toutes les formes de dépendance.

Imaginez l'incarcération de tous les obèses, de tous les accros aux jeux vidéo ou à la cyberpornographie, pour vous faire une idée du nombre de places qu'il faudrait faire en prison.

Cette guerre à la drogue n'a fait reculer nulle part le taux de consommation, et l'a même endurcie en réaction aux douleurs qu'elle générait.

Il a été démontré que la proportion d'adolescents usagers de cannabis était globalement indifférente aux politiques, laxistes ou répressives, que les états européens poursuivent. C'est dans le dossier "*La vérité sur le cannabis*" (La Recherche n° 362, Mars 2003).

Le Rapport annuel de l'E.M.C.D.D.A. « *État du phénomène de la drogue dans l'Union européenne et en Norvège* » reconnaît avec une certaine pudeur que « *les jeunes se situent souvent à l'avant-garde des mutations sociales, et la tendance à la hausse de la consommation d'alcool et de drogues illicites par cette tranche d'âge dans l'Union Européenne constitue une évolution importante de la société. Ces modèles de consommation de substances psychoactives constituent un défi particulier pour les responsables politiques, qui doivent élaborer un éventail de solutions assez large et opportun pour une action efficace* ».

Que veut dire ce jargon ?

Un défi particulier ? Autant dire une impuissance politique à se rendre maître des phénomènes de consommation de masse des drogues comme le cannabis, l'alcool, l'ecstasy et même désormais la cocaïne ! Cette impuissance n'est au fond que l'analogue de l'impuissance de ces mêmes états à

juguler les délocalisations cyniques des entreprises transnationales ou d'autres aspects transgressifs de la politique de la finance internationale. Seuls des pays totalitaires peuvent envisager sérieusement d'éradiquer les assuétudes. Les drogues sont les passagers clandestins, inévitables des Droits de l'Homme.
Le même élan néolibéral parcourt les cités et banlieues livrées aux petites mafias, dont celles des produits psychotropes, le commerce florissant de pilules dans les raves et les efforts du capitalisme planétaire pour s'affranchir des régulations surannées ont la même logique.
C'est Pascale Jamouille qui tâchait de démontrer cela à partir d'une enquête de terrain tout à fait remarquable.

À ce titre, le sujet dit toxico préfigure le sujet de la Cité à venir, perverse ou psychotisante selon les pronostics. Peu nous importe à ce stade-ci de l'analyse, que l'époque soit perverse, ainsi que l'estiment des auteurs comme Philippe Van Meerbeeck, Jean-Pierre Lebrun ou Daniel Sibony, ou psychotisante, selon le diagnostic d'un Dany-Robert Dufour. Ce qui importe de toute urgence, c'est de discerner la nouvelle servitude qui s'installe sous le couvert d'une libéralisation. Les médias et les discours des politiques conservateurs nous ont accoutumés à l'idée que la prolifération des drogues serait le prix à payer pour une société permissive.
Mais bien sûr que non !
Bien loin d'une permissivité, notre modèle de civilisation est fondé sur une nouvelle contrainte, l'obligation de jouir. Je reviens là à ce que je disais tout à l'heure du sujet toxico. Des philosophes que tout sépare, comme Pascal Bruckner et Dany-Robert Dufour sont au moins en accord sur ce constat. L'un titre « L'euphorie perpétuelle » et l'autre « La nouvelle servitude de l'homme libéré », mais

tous deux nous renseignent de la manière la plus convaincante sur notre destin d'accros au plaisir et à la jouissance.
C'est à ce point que l'on rejoint l'analyse que Luc Boltanski & Eve Chiapello avaient fait dans « *Le Nouvel Esprit du Capitalisme* » où ils indiquaient combien les slogans de la contestation de mai 68 avaient fécondé l'imaginaire du capitalisme, qui a montré là une aptitude remarquable à intégrer et à utiliser à son profit ces schémas libertaires des étudiants de la Sorbonne.
Citons encore Dany-Robert Dufour : « *L'affaiblissement de l'état n'annonce pas, loin de là, celui de la domination sociopolitique, mais le passage à une nouvelle forme de domination, sournoise et maligne, par laquelle le pouvoir véritable devient anonyme, informe et non localisable (...). C'est, ouvertement, la promotion de l'anomie, la levée des interdits et de tout ce qui peut en imposer à la pure impétuosité des appétits* ». Le slogan libérateur « jouir sans entrave » de Mai 68 devient un « jouir sans délai » ... des objets fournis par le marché. Du dernier Ipad, par exemple.
La revendication libertaire, exaltante et libératoire, se dégrade en un laissez-nous jouir en toute liberté de ces produits si alléchants que nous désirons si spontanément. La caricature de liberté qui se promeut ainsi connaît son pendant dans le domaine des drogues. Rien ne garantit que la revendication ici aussi libertaire de libéraliser les drogues ne soit tout autant contaminée par les exigences pulsionnelles et leur traduction dans l'économie néolibérale. Que la loi interdise ou non les drogues n'est pas l'essentiel du rapport du toxico à son produit.

Il est hors de question de préconiser un retour d'une politique de chasse aux drogués, qui transforme la marge en pègre. Même la répression timide des usagers de drogues, qui existe encore et qui inspire encore de nos jours certains élus, demeure critiquable. Outre son prix prohibitif en termes de stigmatisation, de souffrances humaines et ses risques pour les libertés civiles, toute politique de guerre à la drogue est largement inefficace.

Alors, comment inventer des politiques des drogues et des dépendances qui ne laissent pas les sujets dépendants, et leurs proches, seuls aux prises avec la pulsion et la logique du jouir à tout prix ?
Paradoxalement, on a montré depuis longtemps que le statut illicite des drogues fait qu'elles sont en vente libre, qu'aucun contrôle de fait ne s'exerce ni sur les producteurs, ni sur les intermédiaires.
S'il y a contrôle, il s'exerce toujours a posteriori et tout au plus sur l'usager le plus vulnérable, et au nom de motifs très éloignés de la prévention des dépendances, comme l'a remarquablement établi Dan Kaminski dans son ouvrage « *L'usage pénal des drogues* ». Il y démontrait vigoureusement que la prohibition des drogues est une loi faible, ridiculisée chaque jour, détournée de ses buts premiers aux fins de contrôler les marges.
C'est l'occasion de rappeler l'aphorisme de Lacordaire : « *Entre le fort et le faible, entre le riche et le pauvre, entre le maître et le serviteur, c'est la liberté qui opprime et la loi qui affranchit* ».

Voici bientôt trente ans que le professeur Francis Caballero préconisa un commerce passif des drogues, sous la forme d'une régie publique, sans profit ni publicité. Cela m'a toujours paru un excellent point de départ. J'ai repris cette proposition à mon compte dans mon premier ouvrage et en l'articulant aux travaux d'Albert Memmi sur la dépendance, j'ai préconisé une politique de

pourvoyance légalisée des drogues, sous le contrôle de l'état.
Que ce dernier puisse intervenir autrement qu'à coups de chiens policiers et de prisons, qu'il se dote des moyens de contrôler l'un des commerces les plus libres qui soient, celui des mafias des drogues illégales. Vous savez peut-être que l'Uruguay s'apprête à expérimenter ce modèle en établissant un monopole d'État pour la production et la distribution de marijuana.

En avril 2012, le président du Guatemala, Otto Perez, avait lancé un appel à la dépénalisation des drogues comme alternative pour lutter contre la violence qui déferle sur l'Amérique centrale. Mais ce n'est qu'un pas, d'ordre macro. Il aurait néanmoins le mérite de sortir du paradoxe des lois qui prohibent certaines dépendances dans cette contradiction insoluble : *"je vous ordonne d'être libre, faute de quoi je vous prive de votre liberté"*.
Si cela peut contrer les violences induites par la prohibition, dont le Mexique et la Colombie sont les illustrations les plus sinistres, cela ne suffira aucunement pour endiguer le succès croissant des conduites de dépendance.

Ceux qui y sont pris pourront néanmoins sortir de la clandestinité et solliciter de l'aide, si toutefois on leur fait offre de les entendre et de les accueillir. Parce que si le sujet fait le choix de la servitude, c'est bien parce que aujourd'hui plus que jamais, la liberté, c'est l'angoisse. Dans ce régime de déferlement pulsionnel, la servitude vient comme soulagement de l'angoisse. Pour faire face à l'angoisse, nous avons peut-être mieux à proposer, à l'échelle locale ou individuelle : c'est le domaine de l'aide, du soin, de la thérapie. Et à l'échelle globale, c'est l'effort de civilisation comme tel, rien de moins.

À ce titre, il y a lieu de s’inscrire dans cette résistance à laquelle Dany-Robert Dufour nous appelle et qui passe par un refus de la marchandisation du monde et des sujets, par un refus vigoureux de la prééminence de l'objet sur la parole. C’est donc peu dire que le traitement, qui est réservé au sujet dépendant et ses réformes éventuelles, libéralisation et autres, nous renseignent grandement sur le changement de civilisation en cours, et sur la mutation des valeurs qui s’opère, mutations que rien ne nous oblige à accepter sans redire.

Discussion

Rosa Caron[*] *:*

Vous faites de l'adolescence, le terreau de l'addiction. L'expérience montre actuellement que l'addiction survient, surgit, aussi à des âges beaucoup plus avancés alors que rien jusque-là ne permettait d'en prévoir les marqueurs. Votre propos me fait poser la question du symptôme, évidemment, mais les questions aussi de la normalité et me rappelle cette position très révolutionnaire de Lacan dans les dernières années de sa vie, à contre-courant de tout ce qui pouvait se dire autour de la normalité qui serait un monde en guerre contre les symptômes. Lacan nous amène à réfléchir sur la fonction du symptôme, son rapport à la jouissance et nous incite à poser le symptôme comme une des possibilités que l'être humain pourrait avoir face à une certaine douleur d'exister. Ce qui voudrait dire que le symptôme ou l'addiction, ici, ne serait pas le problème, mais la solution à un problème.

Du coup, je me permets de vous demander comment, à partir de la solution qui est posée par ces adolescents, comment nous pourrions remonter jusqu'au problème, plutôt que, souvent, nous pouvons le faire très facilement, de poser d'abord un problème, de le dépeindre et d'aborder ensuite ce que nous pensons être comme solution alors que de mon point de vue, ce que la clinique nous montre, c'est que peut-être, il faudrait opérer un reversement épistémologique.

Cela c'est une première question, et puis vous avez cité ce texte remarquable, « *Malaise dans la Civilisation* ». Dans

[*] *Psychologue clinicienne, C.H. Douai ; Maître de conférences HDR, Universités de Lille 3 et Paris 7*

ce texte, Freud nous parle des échafaudages de secours que l'homme va mettre en place pour contrer notamment la pulsion de mort et comme échafaudage de secours, il évoque certaines manifestations comportementales, certaines fuites dans la maladie.
Au fond, dans ce texte, il nous invite aussi à penser à la façon dont la société va construire des normes, pour revenir à la question de la normalité et comment l'homme, c'est-à-dire la société aussi, va construire des résistances à ces normes.
Ce qui voudrait dire qu'à chaque époque, de nouvelles donnes psychopathologiques seraient à déchiffrer. Et en écoutant la fin de votre exposé, je me disais qu'au fond vous nous dépeigniez, vous nous donnez une photo du monde actuel, un monde sur lequel nous pourrions d'ailleurs porter un regard chargé d'inquiétude.
Et en effet quel est ce monde ? Ce monde est un monde qui est le témoin très progressif, parfois très brutal aussi quand nous en prenons conscience, mais entre ce qui est visible et ce qui n'est pas visible, entre le vulnérable et l'invulnérable, entre des discours qui pourraient appeler à l'autonomie et qui n'a jamais autant parlé de dépendance qu'actuellement, un monde où l'on prône la performance.
Donc, je me demandais comment l'addiction pourrait nous indiquer une sorte de résistance à ce discours, discours où il ne fait pas bon d'être dépendant, où pourtant tout est fait pour que ce règne du moi nous coupe de l'autre et il faut aussi pouvoir réagir à tout ça !

Jean-Pierre Jacques :
La première question, la fonction du symptôme. Oui, je suis tout à fait dans l'esprit me semble-t-il de ce que vous disiez.
Première étape, prendre le symptôme que nous présente le sujet comme sa solution. C'est pour cela qu'il faut des

salles de consommation à moindre risque, c'est pour cela qu'il faut des traitements de substitution, c'est une façon extrêmement concrète de dire aux sujets : « *le symptôme que vous vous êtes choisi, d'une certaine façon vous convient, nous le respectons comme tel, même si ultérieurement nous pourrions l'envisager dans des conditions qui soient moins dommageables* ». C'est cette position de respect fondamental du symptôme dans lequel le sujet est pris, ou qu'il s'est choisi, selon que l'on considérera que le sujet s'est déterminé, ou s'il a été déterminé. Et c'est dans ce sens-là que les signifiants tels que guerre à la drogue, c'est-à-dire guerre aux symptômes, sont des signifiants, des consignes toxiques pour les intervenants, pour les cliniciens pour les gens qui doivent rencontrer les sujets proprement dits aux prises avec les addictions.

Pourtant, je dois nuancer un peu cette question de solution. Avec mes amis, nous avons inventé un répartitoire des usages des drogues en 4 positions :
C'est une flèche qui va de zéro à l'infini. (0), c'est la position d'abstention des drogues. Et puis pas très loin, vous avez l'usage expérimental (E), tout le monde emploie ce signifiant-là. Et puis, nous proposons une catégorie qui est l'usage solution (S), c'est celui que vous venez d'évoquer. Le sujet trouve dans l'usage des drogues et dans les dépendances, une solution à un problème pulsionnel qu'il ne pouvait pas traiter autrement.
Et puis, vers l'autre extrémité du côté de l'infini, c'est la dissolution (D).
Il s'agit là d'un rapport de dissolution du sujet, donc d'abolition du sujet qui peut culminer dans le suicide, dans l'overdose plus ou moins calculée, dans la mise à mort du sujet, dans le coma, dans toutes les formes possibles de disparition du sujet capable de s'énoncer, de dire Je.

Et cette flèche nous aide beaucoup à penser les rencontres avec les usagers.
Quand nous sommes à un rapport de solution, il y a une sorte d'équilibre qui est installé entre la consommation et les problèmes qui ont surgi.
Quand nous sommes plutôt de ce côté-ci, le déséquilibre ne fonctionne plus et il nous faut intervenir, et parfois vigoureusement, avec autorité si je peux me permettre d'employer ce mot-là aujourd'hui. Alors, par exemple, je vais donner deux exemples.
Solution à quoi ? Ce que l'on rencontre, disons les causalités, les deux étiologies qui me semblent les plus fréquentes, c'est soit le traitement par la dépendance du sexuel comme traumatique. L'exemple classique est le sujet qui a été abusé, qui a été incesté dans son enfance, mais il y a quantité d'autres façons de vivre le sexuel comme traumatique ; et la deuxième étiologie massive c'est l'étiologie, je dirais de la psychose.
Quand le sujet à un moment donné ne peut plus s'appuyer sur les semblants, ils se sont écroulés et qu'il fait face au non-sens absolu du monde et dans ce cas-là les drogues sont en apaisement dans une certaine mesure.
Autant le sexuel est relativement facile, entendons-nous bien, disons que nous avons un siècle d'expérience pour le traitement du sexuel comme traumatique, en revanche pour ce qui est du traitement de la psychose, peut-être que les drogues sont beaucoup plus efficaces que bien d'autres interventions.
Et à ce titre-là, elles méritent d'être respectées dans leur usage,en apprenant au sujet à en faire un usage plus respectueux, si je peux dire, de son intégrité psychique et corporelle et de là, ce sont toutes les pratiques d'accompagnement et de réduction des risques qui ont leur place me semble-t-il.

Mon expérience d'accompagnement de structures des réductions des risques en Belgique m'a fait constater combien les sujets qui les fréquentaient étaient bien souvent du côté de la psychose. D'une psychose qui n'est pas une psychose déclenchée, flagrante, paranoïaque ou schizophrénique, mais d'une structure psychotique d'un sujet qui ne peut pas s'appuyer sur les ressources de la sublimation par exemple.

Daniel Reyns[*] *:*
La plupart de mes alcooliques, quel que soit l'âge d'ailleurs, pas uniquement dans l'adolescence, mais ils ont tous, à un moment donné, vécu une rupture, un gros problème.
Et nous avons souvent tendance à prendre par exemple un divorce en disant : « *ils ont divorcé parce qu'ils buvaient* » plutôt que de se dire, ils boivent parce qu'ils sont révoltés par leur divorce.
Et nous avons un certain nombre de personnes qui sont à ce niveau-là et qui, des années après, n'arrivent pas à passer ce stade du divorce, avec des consommations extrêmement importantes, et à chaque fois qu'ils vont réussir quelque chose, à retrouver du boulot, à retomber sur leurs pattes, trois jours avant, ils sont à l'hôpital avec une dose absolument incroyable d'alcool.
Et je crois que ça, votre exposé m'a rassuré là-dessus : déjà essayer de ne pas juger les gens, ne pas juger le symptôme qu'ils ont choisi, le principal étant la souffrance qu'il y a avant et nous n'avons pas d'autre chose à faire même si nous avons des thérapeutiques, nous n'avons pas d'autre chose à faire que l'écoute.

---

[*] *Médecin alcoologue, CSAPA du C.H. de Douai*

Jean-Pierre Jacques :
Pour ces sujets qui divorcent et qui craquent, sans savoir dans quel sens il faut mettre le vecteur causal, peut-être bien que l'encouplement comme nous disons aujourd'hui, le fait d'avoir été en couple, était une stratégie de protection contre l'angoisse, que le partenaire co-alcoolique était un premier substitut, un premier objet, nous pourrions dire de soutènement, un contrefort, là encore pas symbolique, mais réel.
Par sa présence, sa simple présence, le fait qu'il ou elle soit là, quitte à l'engueuler copieusement tous les soirs, quand il rentre bourré ou quand il a perdu son boulot, quand il a tout dépensé au bistrot, quand il a plié la voiture, mais au moins il est là. Et comme telle, sa présence, sa pure présence indépendamment de tout ce qu'il dit, de tout ce qu'il fait et dont on a à se plaindre, sa pure présence sert de soutien dans le réel pour un sujet qui, sans cela, s'effondre.
Et le divorce qu'il a bien entendu favorisé ou précipité par ses conduites liées à l'alcool, vient ainsi le priver d'un soutien majeur.
Autrement dit, en pratique clinique, contrairement à ce que je faisais volontiers, il y a de nombreuses années, je n'incline plus les sujets au divorce.
J'essaie, dans la mesure du possible, sauf cas exceptionnel de couple hautement pathogène pour l'un et l'autre, j'essaie au contraire de faire tenir ces couples, pour l'un et pour l'autre, parce que souvent le divorce est tout aussi ravageant pour l'un que pour l'autre.
Encore là, ce que je viens de dire est risqué, parce qu'il y a aussi des exceptions. Je connais quelques sujets qui buvaient avec une femme et ne boivent pas avec une autre. Et pour des femmes, ce peut être pareil, avec un partenaire et plus avec l'autre. Donc, la clinique est toujours un kaléidoscope vertigineusement compliqué. Mais de façon

générale, quand nous pesons bien les choses, pousser au divorce en laissant croire au partenaire sobre d'un sujet alcoolisé ou au partenaire alcoolisé que c'est à cause de sa femme qu'il boit, pousser au divorce est souvent imprudent, et il y a parfois des biens meilleures interventions à proposer pour aider ce couple à tenir, s'ils se sont rencontrés ce n'était quand même pas tout à fait par hasard, c'est une règle fondamentale dans la clinique de l'amour.

Jean Périn :
C'est une petite question à propos des adolescents, la pensée.
Souvent cette pensée-là est accompagnée de voix, pas forcément xénopathiques. Mais c'est quand même quelque chose, ces pensées informes, ces pensées qui arrivent à ces jeunes gens, le matin au lever, le soir à l'endormissement et parfois à d'autres moments. Alors c'est ça la question, c'est parfois accompagné de voix, pas forcément xénopathiques, mais quand même des voix.
Choix intérieur, extérieur.
Et alors la question que je vous pose, c'est aussi un titre d'un bouquin de Heidegger, qu'est-ce que c'est que la pensée ?
Cela nous concerne tous, les soi-disant adultes aussi, quand nous nous mettons à gamberger, le cachet n'est pas loin.
C'est cela qui est une petite question, qu'est-ce que c'est que la pensée ?
Vous avez cité très bien SPINOZA. Mais justement, chez SPINOZA, comment se présente la pensée ?

Jean-Pierre Jacques :
Figurez-vous que c'était la nuit dernière pour moi une question pratique.

J'ai passé la moitié de la nuit à penser en me disant : « *mais mon texte est beaucoup trop confus* ». Je me suis, pendant la moitié de la nuit, trouvé empêché de trouver le repos, le sommeil, le lâcher prise à me représenter ma rencontre avec vous.
Alors, j'ai choisi de ne pas prendre de cachet.
D'assumer l'insomnie, d'en profiter tant qu'à faire, donc, j'ai médité et j'ai lu un bouquin de sexo-analyse passionnant. Je suis allé voir les nouvelles découvertes sur « Google Street View », qui permet maintenant de voir Stonehenge comme si nous y étions, même mieux, et puis je me suis résigné à l'idée que je n'avais pas dormi ou quasi pas et que j'allais vous rencontrer dans un état proche de l'Ohio, et ma foi, je me suis dit que peut-être que ces gens supporteront la déliquescence de mon cerveau, rongé par l'insomnie, affaibli par la nuit de veille.

Je pense que tous les sujets n'ont pas la possibilité de faire comme j'ai pu faire, la nuit dernière. Je pense d'abord que si je n'avais pas fait une et même plusieurs analyses personnelles, je ne suis pas sûr que j'aurais pu résister à cette attaque d'insomnie, à cette pensée absolument impossible à maîtriser, impossible à déloger, cette dimension de la pensée qui fait intrusion.
Nous n'en voulons pas, nous voudrions dormir, nous voudrions ne plus penser à rien ou éventuellement même rêver, mais pas moyen. La pensée a décidé de fonctionner toute seule, contre moi. Alors, je pense que c'est vraiment une question clinique, qu'est-ce qui fait que certains sujets peuvent ainsi sublimer comme j'ai tenté de le faire cette nuit, lire apprendre, surfer, et que d'autres ne peuvent absolument pas affronter cela comme ça et doivent absolument faire taire la pensée.
Et je crois que c'est une question clinique tout à fait centrale et nous sommes inégaux à cet égard-là. Alors,

nous pouvons apprendre à faire usage de cette propriété de la pensée à son insoumission fondamentale.
Et je suis tout à fait d'accord avec vous pour dire que pour un certain nombre de sujets, déjà dès l'adolescence, la pensée s'accompagne de voix et je dirais que quand elle s'accompagne de voix de type hallucinatoire, il n'y a aucun doute, nous sommes déjà dans l'immense majorité des cas, dans la psychose et la question est presque facile…

Jean Périn :
Pas toujours.

Jean-Pierre Jacques :
Pas toujours, mais nous voyons de ces sujets, qui doivent trouver des remèdes aux voix, l'un des remèdes c'est les produits, mais parfois c'est le baladeur sur les oreilles.
Le son mis au maximum dans les oreilles, pour moi c'est un indice clinique qu'il y a quelqu'un qui est là, en affrontement avec des voix et qu'il veut les tempérer, les surmonter par un signal sonore encore plus fort, encore plus dominant et qui lui vient de ces basses puissantes dans sa voiture ou dans son écouteur.
Alors ne me faites pas dire ce que je n'ai pas dit, je n'ai pas dit que tous les adolescents qui se baladent un Ipod sont des psychotiques, ce serait franchement scandaleux de dire cela.
J'ai rencontré, par exemple, des sujets, qui pendant la consultation ne pouvaient pas enlever leurs écouteurs. C'était intolérable pour eux, l'idée de les enlever, de parler comme cela avec le psy, le médecin ou l'infirmière, sans cette barricade.
C'est très curieux, je pense qu'il faut être attentif à ce genre de symptôme clinique et, donc, je suis passé un peu vite là-dessus, mais dans mon texte, je soulève la question,

je ne prétends pas la trancher. Qu'est-ce qui permet de distinguer l'adolescent en révolte saine et robuste de l'adolescent en révolte, qui est travaillé par quelque chose qui va déboucher sur une addiction ou d'autres symptômes comportementaux ?
Je pense que nous devons simplement y être extrêmement attentifs.

En ce qui concerne les addictions qui démarrent à l'âge adulte, souvent le sujet avait trouvé un autre soutien comme par exemple, un conjoint ou un investissement dans le travail et il est vrai aussi qu'il y a des psychoses qui se déclenchent plus tardivement, l'exemple typique du président Schreber dans l'œuvre de Freud. Schreber déclenche sa psychose dans l'âge de la maturité ce qui veut dire qu'auparavant sa psychose était parfaitement matelassée. Effectivement, nous pouvons parfaitement imaginer que si une psychose peut se déclencher à tout âge, une addiction aussi. Dans mon expérience clinique avec les héroïnomanes, c'est avec eux que j'ai commencé, l'écrasante majorité d'entre eux a commencé à user de drogue avant vingt ans.

Jean Périn :
Si vous le permettez, pour le Président Schreber, il est tombé dans la psychose au moment où il a eu une place d'autorité.

Jean-Pierre Jacques :
Il est nommé Président de la Cour d'Appel de l'APSIG et c'est une fonction trop éminente pour cet homme qui était parfait dans la médiocrité, c'est-à-dire dans une position médiane et qui ne convenait pas à une position de nomination. Il y en a d'autres qui visaient à être président

de la république et qui feront un déclenchement sous d'autres modes.

Rosa Caron :
Qu'est-ce que la pensée ?
Vous nous indiquez qu'effectivement penser, c'est nécessairement souffrir.
C'est nécessairement être confronté au doute, être confronté à des questions existentielles, c'est-à-dire à la douleur d'exister.
Mais parler d'une douleur d'exister c'est dépasser nécessairement tous les cadres syndromiques pour s'intéresser à la façon dont chacun va aménager cette confrontation à la souffrance.
Peut-être que nous pourrions poursuivre une autre fois, mais je ne suis pas tout à fait d'accord avec vous quand vous dites qu'il y a une psychose comme ça qui a été matelassée.
Je pense que nous avons chacun des positions subjectives qui empruntent parfois à la névrose de façon préférentielle pour certains, parfois à la psychose à d'autres moments et que des événements qui peuvent être vécus comme bouleversants, c'est-à-dire au sens le plus littéral du terme, des évènements trop immergeants, trop débordants, peuvent nous faire déraper. Je préférerais le terme dérapage psychotique que la psychose qui signifierait qu'à partir du moment où l'on a telle ou telle structure, plus rien n'est possible, c'est peut-être une discussion…on ne pourrait que colmater.

Jean-Pierre Jacques :
Je ne suis pas d'accord avec vous. Mais en tout cas, je trouve cliniquement utile de considérer qu'il y a une clinique des structures, avec les structures, qu'on ne bascule pas d'une structure à l'autre commodément. Par

contre une structure psychotique peut être extrêmement féconde. Ce qui nous empêche souvent de la considérer comme telle, c'est la lecture psychiatrique qui nous fait toujours penser la psychose en matière de déficit, en termes de perte, en termes de catastrophe. Les grands progrès des mathématiques, par exemple, sont essentiellement dus à des psychotiques.
Il paraît que Frege et l'autre Gauss, des grands mathématiciens du XXème siècle, étaient deux grands psychotiques, je ne sais plus si c'est à Princeton ou à Harvard. En même temps, ils ont publié des travaux mathématiques remarquables et qui font l'unanimité ; et à côté de cela, ils avaient la certitude délirante d'entités parapsychiques qui gouvernent le monde.
D'une certaine façon pour être génie, la plupart du temps, c'est plus facile d'être génial quand on est psychotique, parce que l'on s'affranchit des normes que le névrosé, lui, se voue à respecter.

Donc cliniquement, je considère que c'est utile de penser en termes de catégorie nosographique relativement étanche, mais à condition de prendre la psychose comme quelque chose d'au moins aussi digne que la névrose ou même plus, beaucoup plus créative que la névrose qui est souvent quand même une clinique de l'ennui, de la répétition, du foutage de gueule ; et je trouve que nous gagnons à voir la psychose sous son angle créateur et positif.
Par contre, quand une psychose craque, cela peut être effroyable pour le sujet et cela appelle beaucoup plus souvent à la mort, sous une forme ou une autre, d'où le recours aux substances pour tenter de vivre quand même parce qu'il n'y a plus rien de l'ordre des semblants, du symbolique, de la sublimation qui peut venir étançonner le sujet et lui empêcher le naufrage complet.

Loi… ou pas loi

Jean Périn[*]

Je voudrais revenir à ce que j'ai pu dire à Douai, et qui fut publié dans le « *Journal Français de* Psychiatrie ». C'est un article assez long, très nourri de droit.
Pour ce qui est de la drogue, à cette époque-là, j'ai lancé une formule qui était la suivante : « *suis-je propriétaire ou usufruitier de mon corps ?* »
Et cette formule, vraiment a fait traînée de poudre comme la drogue et elle est souvent utilisée.
J'en suis le père.
C'est bien la question pour le drogué et pour tout le monde d'ailleurs, est-ce que je suis propriétaire de mon corps, ou pas, plutôt usufruitier ?

L'institution de l'usufruit se trouve dans le Code civil, mais nous vient de Rome. Elle a toujours été une institution, elle est même très vivante à l'heure actuelle, parce qu'une grande partie du territoire français et du patrimoine français est en usufruit comme vous le savez, puisque les parents ont transféré la propriété à leurs enfants en se réservant l'usufruit. C'est-à-dire qu'en ce moment, une grande partie de la France est en usufruit.
L'institution de l'usufruit se trouve à l'Article 578 du Code Civil : « *L'usufruit est le droit de jouir des choses dont un autre a la propriété, comme le propriétaire lui-même, mais à la condition d'en conserver la substance* ».
Pour le droit romain de Justinien, il est le droit d'usage de la chose d'autrui et d'en recueillir les fruits, mais sans porter atteinte à la substance de la chose.

[*] Juriste, psychanalyste, Paris.

C'est quand même intéressant de voir dans les textes, n'est-ce pas, le mot substance. C'est bien aussi ce dont il est question dans les drogues. Mais là, c'est au sens philosophique, au sens de l'ontologie.
Jacques Lacan lors du séminaire « *Encore* » évoquera l'institution de l'usufruit du Code Civil pour poser la question de la jouissance.
Il dira : « *ce qui est utile, c'est la jouissance, et ce qui est recommandé par les lois, c'est de jouir de son héritage, mais modestement sans abus* ». C'est-à-dire sans altérer la substance de la chose. C'est cela qui m'avait frappé, est-ce que moi, j'ai le droit d'altérer la substance de mon corps ? C'est le sens d'altérer, signifiant porter atteinte et rendre autre. Aussi le mot substance, qui peut connoter une substance jouissante, comme il y a, pour Descartes, une substance étendue. Mais ce mot renvoie aussi au concret, au réel des substances toxiques.
Bien sûr, je ne suis pas propriétaire de mon corps. C'est quelqu'un d'autre qui est propriétaire, en ce moment c'est l'Etat, carrément ! C'est vraiment infernal, comment l'État veut nous faire jouir comme cela, c'est vraiment extraordinaire !

Pour les juristes, l'usufruit, comme la propriété, est un droit réel. C'est quelque chose qui est quand même très important parce que cela pourrait nous évoquer le réel du corps aussi, droit réel c'est-à-dire qui porte sur une chose réelle.
Ce droit est comparé à une servitude : quand vous êtes en usufruit, vous n'êtes pas en société, vous n'êtes pas en copropriété, c'est une servitude du fait de la chose.
Les deux protagonistes de ce droit, le nu-propriétaire et l'usufruitier ne sont ni ensemble, ni séparés. Ils sont divisés par la chose.

L'usufruit n'est pas un contrat. Par exemple pour les réparations, le nu-propriétaire est tenu aux grosses réparations, l'usufruitier aux réparations d'entretien, mais celui-ci ne peut pas obliger ledit propriétaire de faire de grosses réparations.
Au nu-propriétaire correspond le signifiant maître S1 de Lacan, et à l'usufruitier le signifiant S2. Mais ces deux signifiants du discours du maître sont en quelque sorte en berne : l'usufruitier n'est pas sous les ordres du nu-propriétaire. Et celui-ci devra attendre la mort de l'autre pour devenir pleinement propriétaire. Ce qui nous fait penser à la névrose obsessionnelle. Donc, un discours du maître figé, presque intemporel, et peu favorable à la production de richesse.

Je représenterais les deux protagonistes du droit par des cercles d'Euler. Voilà comment nous, psychanalystes, nous essayons de penser les choses, c'est-à-dire en dessinant, en écrivant. Le cercle du nu-propriétaire recoupe le cercle de l'usufruitier :

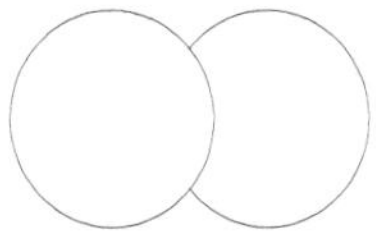

Nous avons un espace commun qui correspond à ce qui manque à l'un comme à l'autre : la possession pour le nu-propriétaire, et le titre de propriété pour l'usus.
C'est merveilleux. C'est déjà, tout à fait, important.
Ils sont tous les deux en situation de manque. Comme les drogués. Jouissance du manque qui a été révélée par les cliniciens.

C’est fabuleux, quand même comment tous ces juristes, depuis l’antiquité, arrivent presque à écrire, à dire quelque chose sur le manque.
Pourquoi vouloir mettre les gens dans le manque comme cela tout le temps. C’est bizarre que le droit soit comme cela. On pourrait vous dire, vous faites ce que vous voulez, jouissez à votre façon, eh bien non, comme vous voyez, c’est comme cela que cela se passe.
Vous savez que pour la psychanalyse, il y a un objet du manque, ou mieux, un objet comme manque : c'est l'objet a de Lacan.
Même le plein propriétaire voit sa jouissance écornée par ceci, que son bien, son objet, manquera toujours à quelqu'un d'autre.

Pour mieux comprendre ce qui se passe, je propose d'utiliser un schéma qui nous permettra de rendre compte de l'économie de la jouissance selon le droit. Nous plaçons les trois termes d'usus, de fructus et d'abusus sur un schéma qui s'origine du carré logique d'Aristote. La philosophie d'Aristote a influencé le droit. De ce célèbre carré, j'ai effacé la base :

Droit → Usus
↓ ↗ ↖ ↑
Fructus Abusus

En haut à gauche, c'est la fonction du droit. En bas à gauche, nous notons le fructus, les fruits. De ce point, la diagonale nous mène en haut et à droite où nous notons l'usus. De l'abusus, on remonte au départ de la fonction, l'intention, les autres points étant les extensions de ladite fonction. Un trajet relie les différents points.

Le fructus, ce sont les fruits, par exemple d'une terre, d'un verger, mais au niveau du corps, ce qu'il produit : les excrétions, mais aussi le travail fourni par le corps.
L'usus, c'est bien entendu l'usage que l'on fait du corps, les usages du corps.
Enfin, l'abusus, c'est l'abus qui se définit par rapport à l'usage normal : c'est l'atteinte à la substance, prohibée par la loi. Ce point correspond à ce que le droit appelle l'aliénation. Ainsi, vendre une propriété, c'est l'aliéner, comme de la détruire.
Au fond la drogue, c'est quand on abuse d'un bien ou quand on abuse de son corps. Imaginez un sujet, qui partirait de là, il irait là ici, c'est l'usage, l'usage de son corps, tous les usages du corps. Il y a des livres qui ont été écrits là-dessus et puis là, le fruit, c'est ce que le corps va produire et là l'abusus, alors c'est la destruction de la substance.
Ce qui est important, c'est de montrer comment le droit se moule sur le corps dès le début. Le référent est le corps. Il n'y a rien d'autre.

Nous pouvons inscrire sur notre schéma les trois dimensions lacaniennes du nœud borroméen : au fructus correspond le Symbolique, à l'usus le Réel, et à l'abusus, l'Imaginaire.

On remarquera que l'abusus et le fructus ne sont pas reliés directement. De ce qui a été détruit, il y a un résidu ou une image qui pourra être repris par le symbolique.
Il est normal que l'usage réel soit ce que produit le symbolique.

Certains théoriciens se réclamant de Glover font appel, pour mettre en valeur la servitude du drogué, à l'institution romaine du prêteur. Le prêteur adjuge le corps du débiteur insolvable au créancier qui pourra le vendre comme esclave. Ils reprennent les trois paroles du prêteur romain qui sont : dico, do et addico. Adjuger traduirait donc addico, et addicus le débiteur malheureux.
Mais ils n'ont pas vu que do ne pouvait être traduit par donner, mais par faire, et curieusement, to do signifie faire en anglais?
Giffard, romaniste, traduit addico par dire avec : le prêteur dit avec, il accède à la demande du créancier. Quant au dico, c'est bien sûr un dire. Tout est dans la parole.
Do, c'est faire, surtout ne pas donner, car le prêteur fait ce qu'il dit et dit ce qu'il fait. Cela nous évoque le quand dire c'est faire de la philosophie anglaise du langage. Pour Giffard, le do est nomination.
Il n'en reste pas moins qu'au troisième temps de la procédure, il n'y ait aussi un do au sens de donner. Le mot do implique le réel dans les transactions.
Je vais prendre un exemple clinique, un addict aux femmes. Il s'agit d'un patient qui a plus de 40 ans, qui, depuis sa jeunesse conquiert les femmes, absolument tout le temps, c'est un cas de don-juanisme, une véritable addiction aux femmes, qu'il supportait très difficilement. C'est pour cela qu'il a consulté et il était en prison, en quelque sorte, il était emprisonné, donc ce n'est pas l'empoisonnement avec une substance, c'est un emprisonnement.
Alors ce garçon, c'est assez étonnant, parce qu'il avait un carnet de rendez-vous, et ce n'était pas toujours facile, il était aviateur, il prenait en note et puis, carrément, il disait à la femme : « *quand voulez-vous ?* ». C'est absolument étonnant de donner des rendez-vous comme cela. C'était un travail qu'il faisait, il était contraint.

C'était la pensée du sexe, tout le temps. Pendant 15 ans, le sexe tout le temps, il ne pensait qu'à cela, les rendez-vous, etc.

Un jour il m'a dit, c'est une femme qui me libérera. Cela me faisait rigoler. En fait, oui, quelque part, il n'avait pas tort et c'est une femme qui l'a libéré. Maintenant, il a une femme et il vient d'avoir un petit garçon, il est très content. Il faut dire qu'il a complètement changé de vie et je vais vous dire, c'est une portugaise !

Ibère, la péninsule Ibérique. Il est sorti de prison par ce signifiant-là.

Table des matières

Intervenants

Christian Colbeaux : *psychiatre, psychanalyste, chef de service du CSAPA, Centre Hospitalier de Douai*

Eric Vaillant : *procureur près du tribunal de grande instance de Douai*

Didier Nourrisson : *professeur d'histoire contemporaine, université Claude Bernard Lyon 1 & UIFM Lyon*

Nicole Maestracci : *magistrate, première présidente de la Cour d'Appel de Rouen, présidente de la MILDT de 1998 à 2002*

Serge Karsenty : *sociologue, chercheur honoraire au laboratoire CNRS "Droit et changement social", université de Nantes, président de l'Alliance de Prévention de l'Alcool*

Michel Koutouzis : *historien, ethnologue, consultant-expert auprès de l'ONU et de l'UE*

Bernard Bertrand : *expert sur la question des salles de consommation à moindre risque, coordinateur de l'association "La Trev'"*

Rachid Saïmi : *médecin généraliste, addictologue de terrain, Douai*

Jean-Pierre Jacques : *psychiatre, psychanalyste, Bruxelles*

Rosa Caron : *psychologue, maître de conférences HDR, universités de Lille 3 & Paris 7*

Jean Périn : *juriste, psychanalyste, Paris*

Psychologie et psychanalyse

aux éditions L'Harmattan

Dernières parutions

HYPNOSE ET TABAC
Samak Francine Hélène
Comment éradiquer la dépendance au tabac, habitude que certains n'hésitent pas à nommer addiction ? L'hypnose est parmi de nombreuses méthodes celle qui est la moins nocive et la plus naturelle, et qui compte beaucoup de bons résultats. D'où cela vient-il ? En partie de l'état hypnotique lui-même et, pour une bonne partie, grâce à la relation interindividuelle qui s'installe dans la session d'hypnose.
(37.00 euros, 374 p.)
ISBN : 978-2-343-03057-9, ISBN EBOOK : 978-2-336-35281-7

UNE PSYCHOTHÉRAPIE MODULÉE SUR LE FONCTIONNEMENT PSYCHOPATHOLOGIQUE
Le modèle sur-mesure de la psychothérapie psychodynamique adlérienne
Ferrero Andrea - Édition française et préface d'Alessandra Zambelli
Traduction et commentaire clinique de Véronique Leclers
Andrea Ferrero, psychiatre et psychothérapeute, présente dans cet ouvrage une innovante modélisation de la technique psychothérapeutique adlérienne, autant dans sa version classique à longue durée, que dans les deux différentes versions à durée limitée. On trouvera des indications thérapeutiques précises, organisées en sept niveaux hiérarchiques relatifs au fonctionnement psychopathologique des patients, à leur tour structurés en cinq aires descriptives de la personnalité globale des patients, prenant en considération la manière de vivre la relation au thérapeute.
(20.00 euros, 196 p.)
ISBN : 978-2-343-03776-9, ISBN EBOOK : 978-2-336-35274-9

TROIS DESTINS DE FEMMES EN ASILE PSYCHIATRIQUE
Anne-Marie, Madeleine, Suzanne
Postel Jacques, Poitau Jeannine
Ces trois femmes, qui ont connu une certaine célébrité à des titres divers, sont malheureusement décédées en asile psychiatrique, totalement oubliées. La première était à Caen, la seconde à Perray-Vaucluse, la troisième à Maison-Blanche à Neuilly-sur-Marne. Cette similitude a retenu l'attention des auteurs.
(10.00 euros, 62 p.)
ISBN : 978-2-343-03383-9, ISBN EBOOK : 978-2-336-35231-2

DANS LA PEAU D'UN PSY
Impressions de séances de psychothérapie
Clancy Marie-Véronique
Comment se déroule une séance de psychothérapie ? Que fait-on pendant la séance ? Que dit-on ? Que partage-t-on ? Et le psy lui, que fait-il ? Quel genre de soin apporte-t-il ? Comment s'y prend-il ? À quoi pense-t-il ? Que se passe-t-il dans la peau de ce psy que vous venez consulter ? C'est au travers de six vignettes de séances de psychothérapie, à deux ou en groupe, que l'auteur nous ouvre grand les portes de son cabinet.
(13.50 euros, 120 p.)
ISBN : 978-2-343-01528-6, ISBN EBOOK : 978-2-336-32490-6

POUR UNE PSYCHANALYSE DE L'ENFANT ADOPTÉ
Schrooten Michel
Ce livre tente d'apporter une contribution scientifique originale concernant l'enfant adopté (au sens générique). Après avoir brossé quelques caractéristiques psychanalytiques essentielles et fait référence aux fantasmes des origines et à la recherche de filiation chez l'enfant adopté, l'ouvrage débouche amplement sur le concept d'abandonnisme.
(Coll. Psychanalyse et civilisations, 27.00 euros, 258 p.)
ISBN : 978-2-343-00454-9, ISBN EBOOK : 978-2-336-32467-8

ESSAIS DE NEUROPSYCHANALYSE
Robion Jacques
Intégrer les acquis incontournables du freudisme et les découvertes des neurosciences est le propos de ces essais de neuropsychanalyse. Avec ce concept de neuropsychanalyse, l'auteur affirme la nécessité de réancrer neuronalement nos processus psychiques. L'auteur reste psychanalyste, il n'oublie en rien les fondamentaux du freudisme, notamment la nécessité de refoulement. Néanmoins, cette démarche génère le surgissement d'un certain nombre d'interrogations.
(23.00 euros, 234 p.)
ISBN : 978-2-343-01563-7, ISBN EBOOK : 978-2-336-32458-6

MOÏSE (LE) DE FREUD AU-DELÀ DES RELIGIONS ET DES NATIONS
Déchiffrage d'une énigme
Gindele Thomas
Cette enquête part des indices montrant que le fondateur de la psychanalyse a résolu, il y a plus d'un siècle déjà, une énigme qui le fascinait depuis sa jeunesse : reconstituant l'écriture de l'histoire biblique de Moïse, il en a déduit que l'origine égyptienne du monothéisme exclut logiquement l'exode et l'élection d'Israël.
(Coll. Etudes Psychanalytiques, 23.00 euros, 268 p.)
ISBN : 978-2-343-01283-4, ISBN EBOOK : 978-2-336-32423-4

DU BON USAGE DE LA NOSTALGIE
Rauchs Paul - Préface de Georges-Arthur Goldschmidt
Comme la mélancolie, sa sœur aînée, la nostalgie est issue du vocabulaire médical. À la fin du XVIIe siècle, Johannes Hofer, un médecin de Mulhouse,

invente le mot nostalgie pour décrire une maladie dépressive grave et mortelle, causée par le mal du pays. Connaître l'histoire de la nostalgie aide à mieux saisir les enjeux politiques actuels qui tournent, non sans mauvaise foi parfois, autour des discussions sur l'identitaire et le communautaire.
(25.00 euros, 238 p.)
ISBN : 978-2-343-00315-3, ISBN EBOOK : 978-2-336-32413-5

SURVIVRE
Mythes et transgressions en art-thérapie
Saigre Henri
La question de l'Origine et celle de l'Identité sont particulièrement présentes de nos jours. Nous savons tout le parti que Freud a su tirer, à travers « le complexe d'Œdipe », de l'exploitation d'un fragment du mythe d'Œdipe. Dans cet ouvrage l'auteur se demande quels bénéfices l'art-thérapie, et plus particulièrement l'art transformationnel, peuvent espérer d'un questionnement et d'une mise en jeu de l'entièreté du mythe.
(Coll. Art-thérapie, 23.00 euros, 232 p.)
ISBN : 978-2-343-01441-8, ISBN EBOOK : 978-2-336-32243-8

POUR UNE PSYCHANALYSE DÉSENCLAVÉE
La thérapie psychodramatique
Sanchez-Velez Françoise
F. Sanchez-Velez raconte. Un évident sens poétique constitue la chaîne de ce métier mais sur la trame d'une non moins évidente rigueur de pensée. Il y est question d'héritage, de transmission reçue, de création, de transmission offerte. La valeur de transmission filetée semble propre à enrichir directement le métier des praticiens du psychodrame et à en favoriser le goût, pour ceux qui n'en ont pas l'expérience. En ce sens, ce livre fait œuvre comme histoire psychanalytique d'une psychanalyste.
(22.00 euros, 226 p.)
ISBN : 978-2-343-00432-7, ISBN EBOOK : 978-2-336-32165-3

PROCESSUS (LE) CRÉATIF DANS LA SCHIZOPHRÉNIE À PARTIR DE C.G JUNG
Mazou Moussibahou - Préface de Jean Florence - Avant-propos de Michel Cazanave
Cette recherche part d'un intérêt pour la schizophrénie et des processus évolutifs qui peuvent être repérés. C. G. Jung a consacré sa vie à la description de ces dynamiques psychiques transformatrices. Ces potentiels s'animent lors de processus de crise psychique, de métamorphoses, ou lors d'épisodes psychopathologiques. Cette vision est de plus en plus partagée parmi les chercheurs en psychologie, en psychanalyse, en neurobiologie et dans les sciences du chaos.
(39.50 euros, 416 p.)
ISBN : 978-2-343-00117-3, ISBN EBOOK : 978-2-336-32177-6

TRANSMETTRE ?
Entre anthropologie et psychanalyse, regards croisés sur des pratiques familiales
Coordonné par Françoise Hatchuel
Que transmettent les familles ? Comment les parents signifient-ils à leurs enfants ce qui est possible, souhaitable, valable pour eux en tant que futurs adultes ?

Après une introduction portant sur les processus, notamment psychiques, à l'œuvre dans la transmission, cet ouvrage questionne la possibilité même de « faire famille » ou de se « sentir père », avant de pointer quelques modes de faire.
(Coll. Anthropologie Critique, 18.00 euros, 180 p.)
ISBN : 978-2-343-00041-1, ISBN EBOOK : 978-2-336-32502-6

PÉRIODE D'ADOLESCENCE (Tome 1)
L'ère de famille
Lelong Stéphane
Les «ados» d'aujourd'hui sont-ils différents de ceux d'hier ? Dans la très grande majorité des cas, l'adolescence reste silencieuse, le «psy» n'y a donc pas accès. Ainsi, l'ouvrage aborde en premier lieu les processus qui concourent à la structure du Sujet car la psychopathologie en souligne les nervures. L'intersubjectivité de l'adolescent peut être chamboulée par la rapidité de la mutation corporelle, et la question du sexe surgit comme un coup de tonnerre dans le ciel de l'adolescence.
(Coll. Clinique psychanalytique et Institution, 23.00 euros, 218 p.)
ISBN : 978-2-343-01240-7, ISBN EBOOK : 978-2-336-32097-7

PÉRIODE D'ADOLESCENCE (Tome 2)
Figures de souffrance
Lelong Stéphane
Cet ouvrage se propose de s'intéresser davantage aux processus inconscients de la vie psychique qu'aux étiquettes diagnostiques, car figeant l'adolescent dans des «cases», bien que par essence à cette période de la vie tout reste évolutif. Alors que des symptômes semblent affecter des jeunes de manière identique, il convient de saisir la singularité de l'histoire de l'adolescent au sein de sa propre trajectoire à la lumière des embrouilles de sa famille, pour penser la «crise» avec le Sujet.
(Coll. Clinique psychanalytique et Institution, 33.50 euros, 324 p.)
ISBN : 978-2-343-01241-4, ISBN EBOOK : 978-2-336-32096-0

UN DOCUMENTAIRE SUR MON PÈRE
Drouot Charles H.
«Je n'ai aucun souvenir de mon père, mort lorsque j'avais quatre ans. En interrogeant ma famille sur l'homme qu'il était et la façon dont il est mort, je pars à la rencontre de la maladie, de la folie et des secrets de famille inavoués...» (Charles H. Drouot). En quête de vérité sur son père, Charles H. Drouot retrouve ceux qui l'ont connu. À travers leurs témoignages, il ouvre la boîte de Pandore, réveille des émotions, fait exploser les secrets de famille...
(20.00 euros)
ISBN : 978-2-336-29444-5

L'HARMATTAN ITALIA
Via Degli Artisti 15; 10124 Torino

L'HARMATTAN HONGRIE
Könyvesbolt ; Kossuth L. u. 14-16
1053 Budapest

L'HARMATTAN KINSHASA
185, avenue Nyangwe
Commune de Lingwala
Kinshasa, R.D. Congo
(00243) 998697603 ou (00243) 999229662

L'HARMATTAN CONGO
67, av. E. P. Lumumba
Bât. – Congo Pharmacie (Bib. Nat.)
BP2874 Brazzaville
harmattan.congo@yahoo.fr

L'HARMATTAN GUINÉE
Almamya Rue KA 028, en face du restaurant Le Cèdre
OKB agency BP 3470 Conakry
(00224) 60 20 85 08
harmattanguinee@yahoo.fr

L'HARMATTAN CAMEROUN
BP 11486
Face à la SNI, immeuble Don Bosco
Yaoundé
(00237) 99 76 61 66
harmattancam@yahoo.fr

L'HARMATTAN CÔTE D'IVOIRE
Résidence Karl / cité des arts
Abidjan-Cocody 03 BP 1588 Abidjan 03
(00225) 05 77 87 31
etien_nda@yahoo.fr

L'HARMATTAN MAURITANIE
Espace El Kettab du livre francophone
N° 472 avenue du Palais des Congrès
BP 316 Nouakchott
(00222) 63 25 980

L'HARMATTAN SÉNÉGAL
10 VDN en face Mermoz, après le pont de Fann
BP 45034 Dakar Fann
33 825 98 58 / 33 860 9858
senharmattan@gmail.com / senlibraire@gmail.com
www.harmattansenegal.com

L'HARMATTAN BÉNIN
ISOR-BENIN
01 BP 359 COTONOU-RP
Quartier Gbèdjromèdé,
Rue Agbélenco, Lot 1247 I
Tél : 00 229 21 32 53 79
christian_dablaka123@yahoo.fr

Achevé d'imprimer par Corlet Numérique - 14110 Condé-sur-Noireau
N° d'Imprimeur : 111585 - Dépôt légal : septembre 2014 - *Imprimé en France*